Vom N(ich)ts zum Wir und zurück!

Paul Piskol

novum pro

www.novumverlag.com

Bibliografische Information
der Deutschen Nationalbibliothek:

Die Deutsche Nationalbibliothek
verzeichnet diese Publikation in
der Deutschen Nationalbibliografie.
Detaillierte bibliografische Daten
sind im Internet über
http://www.d-nb.de abrufbar.

Alle Rechte der Verbreitung,
auch durch Film, Funk und Fernsehen,
fotomechanische Wiedergabe,
Tonträger, elektronische Datenträger
und auszugsweisen Nachdruck,
sind vorbehalten.

© 2016 novum Verlag

ISBN 978-3-95840-136-5
Lektorat: Katja Kulin
Umschlagfotos:
Daniel Kaesler | Dreamstime.com,
Paul Piskol
Umschlaggestaltung, Layout & Satz:
novum Verlag
Innenabbildungen: Paul Piskol (5)

Gedruckt in der Europäischen Union
auf umweltfreundlichem, chlor- und
säurefrei gebleichtem Papier.

www.novumverlag.com

Inhaltsverzeichnis

Vorwort 7
Vom Traum zum Albtraum 10
Das dürfen wir nicht vergessen! 13
Sie sannen auf Rache! 20
Der BND und die dunkle Geschichte
der Naziseilschaften! 21
Wie konnte es aber dazu kommen? 25
Der sogenannte „Kalte Krieg"! 27
Und es könnte doch alles so schön sein! 30
Vom (N)ich(ts) – zum Wir! 32
Die Russen kommen! 40
Zeit zum Nachdenken! 57
Was des Volkes Hände schaffen,
soll des Volkes Eigen sein! 59
Auferstanden aus Ruinen! 63
Mit Fleiß arbeiten, mit Freude lernen,
in Frieden leben! 66
Meine Entscheidung! 78
Die neue Herausforderung 83
Und zurück! 90
Der Geburtenknick (demografischer Wandel) 96
Die Stasi, „das schwarze Schaf"? 99
Und heute will es keiner gewesen sein! 103
Die DDR hat's gegeben! 105
Die BRD hat's genommen! 108
Bunt statt braun! 112
Frag doch einfach mal, warum! 115
Der Schutz unserer Umwelt! 118

Die „freiheitliche Demokratie"! 123
Wir befinden uns heute auf dem Weg
zurück zum (N)ich(ts)! 132
Asylsuchende 133
Nachwort 136
Vom Nichts zum Wir – und zurück! 137

Vorwort

Die Vorstellung von einer Welt, in der Gleichheit und ewiger Frieden herrschen, ist so alt wie die Ausbeutung des Menschen durch den Menschen. Auch das Christentum war ursprünglich eine Religion der unterdrückten Menschen, bevor es im 4. Jahrhundert von der herrschenden Klasse zur Staatsreligion gemacht wurde, um es für deren Zwecke zu missbrauchen.

In der Bibel heißt es: „Die Menge aber der Gläubigen war ein Herz und eine Seele; auch nicht einer sagte von seinen Gütern, dass sie sein wären, sondern es war ihnen alles gemeinsam."

Das ersehnte Zeitalter sollte auch den Frieden bringen.

Der Prophet Jesaja sagt: „… und die Elenden werden wieder Freude haben am Herrn, und die Ärmsten unter den Menschen werden fröhlich sein …

Denn es wird ein Ende haben mit den Tyrannen und mit den Spöttern, und vertilgt werden alle, die darauf aus sind, Unheil anzurichten. Da werden sie ihre Schwerter zu Pflugscharen und ihre Spieße zu Sicheln machen. Denn es wird kein Volk wider das andere das Schwert erheben, und sie werden hinfort nicht mehr lernen, Krieg zu führen."

Dieses ersehnte Zeitalter ist im Laufe der Jahrhunderte weiter denn je in die Ferne gerückt.

Es ist aber nicht der Mensch, der „unfähig zum Frieden" ist, sondern eine ganz bestimmte Gesellschaft, die ihn formt oder wohl eher deformiert.

Nichts erfüllt sich also von allein. Die prophetischen Ideen von einem besseren Leben müssen sich letztendlich und immer wieder von Neuem die Armen, Versklavten und Unterdrückten mit revolutionärem Enthusiasmus, ja selbst unter Einsatz ihres Lebens, erkämpfen.

Hier ist nur mit anderen Worten das ausgedrückt, was vom Deutschen Volksrat unter Beteiligung des gesamten deutschen Volkes erarbeitet und am 19. März 1949 beschlossen, vom dritten Deutschen Volkskongress am 30. Mai gleichen Jahres bestätigt und durch Gesetz der provisorischen Volkskammer vom 7. Oktober als in Kraft gesetzte Verfassung verkündet wurde.

Viele Beispiele kennt die Geschichte. Angefangen vom Spartakusaufstand im Römischen Reich bis zur Oktoberrevolution 1917 in Russland, ja sogar bis in die heutige Zeit.

Nach dem Sieg der Oktoberrevolution war die erste Handlung des neuen Sowjetstaates das „Dekret über den Frieden", ein Appell an alle Völker der Krieg führenden Länder, sofort Verhandlungen über den Abschluss eines Friedens ohne Annexion und Kontributionen aufzunehmen. Es war eine große Chance. Im weiteren Verlauf wurde aber leider auch der Vertrag von Versailles von Deutschland nicht eingehalten und Russland somit von jeder Mitwirkung in Europa ausgeschlossen. So war es ungeheuer schwer, das nach der Revolution von der Konterrevolution im völligen wirtschaftlichen Chaos hinterlassene Land wieder aufzubauen.

Am schwersten aber war der Aufbau des Sozialismus, ein Vorstoß in unerforschtes Neuland.

Versuchten schon vor bürgerlichen Revolutionen die feudalen Staaten mit Gewalt die alten Machtverhältnisse aufrechtzuerhalten, so musste und muss die sozialistische Revolution mit dem brutalen Widerstand der Kapitalisten rechnen.

Es ist keineswegs meine Absicht, in diesen Zeilen die Weltgeschichte neu zu schreiben, denn hierzu haben bereits ganz andere, fähige Leute bedeutende Werke verfasst.

Ich möchte mir hier nur zusammenfassend einen kurzen Überblick über die Situation verschaffen, wie sie sich in Deutschland und Europa seit 1930 entwickelt hat und ich sie seit 1943 erlebt habe.

Hierfür ist ein Rückblick in die geschichtliche Entwicklung der Menschheit hilfreich oder auch unerlässlich.

An dieser Stelle möchte ich mich bei allen Autoren, deren Bücher ich gelesen habe, den Journalisten, deren Beiträge und Berichte ich in Rundfunk, Fernsehen und Zeitschriften verfolgen konnte, und bei den Menschen die mir ihr Erlebtes geschildert haben, bedanken. Ich habe mein bisheriges Leben mit diesen Informationen, die mir fast als Voraussage für die künftige Entwicklung in Europa dienen, verglichen und müsste dem hier Geschriebenen sicher noch vieles hinzufügen.

Vom Traum zum Albtraum

Die Weimarer Republik wurde aufgelöst und Hitlers Erfolgsserie war bis 1941 nicht mehr aufzuhalten. Auch das Münchener Abkommen bedeutete viel mehr als nur die Zerstückelung der Tschechoslowakei, die vergeblich auf ihr Bündnis mit Frankreich gebaut hatte. Denn nun konnte er sich außenpolitisch mit der Remilitarisierung des Rheinlands, dem Anschluss Österreichs und des Sudetengebietes sowie der Besetzung von Böhmen und Mähren der ausdrücklichen Zustimmung Frankreichs und Englands sicher sein.

Hitler wollte die Vorherrschaft in Europa und die direkte Herrschaft über Russland, die Erhaltung der Herrschaft über Afrika und Teile Asiens. Eine Machtpyramide mit den alten europäischen Überseekolonien und der neuen deutschen Kolonie Russland, die übrigen europäischen Länder abgestuft in deutsche Nebenländer, Hilfsvölker, Satelliten und halbunabhängige Bundesgenossen und Deutschland an der Spitze.

Es bedeutete praktisch den politischen Rückzug Englands und Frankreichs aus der östlichen Hälfte Europas und die Anerkennung Osteuropas bis zur russischen Grenze als deutsche Einflusszone. Die Tschechoslowakei, die das Münchener Abkommen zurückließ, wurde zu Wachs in Hitlers Hand. Ungarn und Polen wurden an dem tschechischen Raub beteiligt und wurden so zu seinen Verbündeten. Rumänien und Jugoslawien waren bereits wirtschaftlich von Deutschland abhängig und mussten nun auch politisch die engste Verbindung suchen. Durch dieses Entgegenkommen hätte der Prozess zur Bildung eines großdeutschen Reiches auch ohne Krieg sogar noch beschleunigt werden können.

Hitler hatte also seinen Traum, seine politische Jugendvision bereits verwirklicht.

Hier stellt sich aber die Frage, wer hat Hitler diese Erfolge ermöglicht? Wer hat ihn, der als ein österreichischer Freiwilliger des Ersten Weltkrieges ja im gewissen Sinne aus dem Nichts in Deutschland auftauchte, diesen Aufstieg finanziert? Wer hat ihn gefördert? In wessen Interesse hat er gehandelt?

Im Interesse der Juden in Europa und später auch in Deutschland, die er durch seinen Antisemitismus zu Millionen in den Konzentrationslagern vernichten ließ, sicher nicht.

Auch nicht im Interesse der Kommunisten und anderer Widerstandskämpfer in Deutschland, denen er das gleiche Schicksal zuteil werden ließ.

Hier kann es wohl nur eine unwiderlegbare Antwort geben.

Hitler handelte im Interesse der Deutschen Rüstungsindustrie und aller Monopole, die, wie sie leider glaubten, nur in einem Krieg für sich einen Absatzmarkt sichern konnten und nach einem Krieg die besiegten Völker zu Rohstofflieferanten und ungebildeten billigen Arbeitssklaven machen wollten. Was im Übrigen einer Denkschrift Himmlers vom Mai 1940 auch zu entnehmen ist.

Hitler hielt am 30. März 1941 eine Ansprache vor hohen Offizieren der Wehrmacht, in der er ihnen seinen Standpunkt des soldatischen Kameradentums klarlegte.

›*Der Kommunist ist vorher kein Kamerad und nachher kein Kamerad.*‹ „Wir führen keinen Krieg, um den Feind zu konservieren, es handelt sich hier um einen erbarmungslosen Vernichtungskrieg."

In dieser Äußerung konnte man bereits die Absicht zur Vernichtung der im Aufbau befindlichen Sowjetunion heraushören.

Einer weiteren Aufstellung des Oberkommandos der Wehrmacht vom Mai 1944 sind dann folgende Zahlen zu entnehmen: bis zum heutigen Zeitpunkt sind 5,16 Millionen Russen gefangen genommen worden. Davon leben noch 1 871 000, 473 000 wurden exekutiert, fast drei Millionen sind in deutschen Gefangenenlagern verhungert und 67 000 galten als entflohen.

Insgesamt wurden allein unter der russischen Bevölkerung 20 Millionen Menschen Opfer dieses Krieges.

Dieser Krieg war kein Krieg eines Einzelnen, eines Wahnsinnigen.

Der Überfall Deutschlands auf die Sowjetunion im Jahre 1941 wurde somit nicht nur zu einem Eroberungskrieg um die Vorherrschaft in Europa, sondern auch, und das von allen kapitalistischen Ländern einschließlich Amerikas im Geheimen erhofft, ein Krieg gegen eine sozialistische Gesellschaftsordnung.

Was sicher auch der Grund dafür war, dass trotz der am 11. Dezember 1941 erfolgten Kriegserklärung Hitlers gegen Amerika ein Eingreifen der USA, das zu diesem Zeitpunkt zu einer Wende des Krieges gegen die Sowjetunion hätte führen können, nicht zu erkennen war.

Russland hatte den Krieg gegen Napoleon, den Ersten Weltkrieg, die Oktoberrevolution und dann den verheerendsten Krieg aller Kriege zu überwinden und musste danach das völlig zerstörte Land wieder aufbauen.

Was konnte Deutschland jetzt von den Siegermächten, aber vor allem von den Russen dafür erwarten?

Das dürfen wir nicht vergessen!

Schwer war der Beginn nach dem Sieg der Roten Armee 1945. Leid und Not, Chaos und Trümmer hatte der Krieg, von Faschisten angezettelt, hinterlassen.

Sogar auf deutschem Boden hatten die geschlagenen Welteroberer ihre Wut über die totale Niederlage ausgetobt. Sie hatten Brücken und Kraftwerke, Dörfer und Städte in Schutt und Asche gelegt. Nur um zu verhindern, dass sowjetische Truppen ungehindert nach Berlin vorrücken konnten.

Die westlichen Alliierten hatten ihrerseits dazu beigetragen, das Leid der Bevölkerung in den letzten Kriegswochen noch zu vergrößern.

Als die Rote Armee die Wende im Zweiten Weltkrieg herbeiführte, hatten sich die Westmächte darauf beschränkt, ihre Bombenteppiche über deutsche Städte abzuwerfen.

Erst als der Ausgang des Krieges bereits entschieden war, landeten die USA und England ihre Truppen in Frankreich und lösten mit zwei Jahren Verspätung ihr Versprechen zur Eröffnung einer zweiten Front gegen Hitler ein.

Aber auch jetzt blieb ihre Kriegführung sehr zögernd, wogegen sie die Luftangriffe verstärkt fortsetzten. Da hier keinerlei militärische Notwendigkeit zugrunde lag, war die mutwillige Zerstörung der deutschen Städte wohl Ausdruck imperialistischer Kriegführung.

Den alleinigen Sieg der Roten Armee über Deutschland zu verhindern und den Einflussbereich der Sowjetunion als Siegermacht einzuschränken, war hier sicher das einzige Ziel der Alliierten.

Doch die Sieger des Zweiten Weltkrieges waren vor allem die freiheitsliebenden Völker.

Jetzt galt es einen Schlussstrich unter die Vergangenheit zu ziehen, die Schuldigen an der Entfesselung des Krieges zu bestrafen, ihnen alle politischen und wirtschaftlichen Machtmittel zu nehmen und eine wahrhaft demokratische Ordnung in ganz Deutschland zu errichten.

Am 11. Juni 1945, nur einen Monat nach Beendigung der Kampfhandlungen, trat die KPD als erste deutsche Partei mit einem Aufruf vor das ganze deutsche Volk.

Bittere Wahrheiten enthielt dieser Aufruf, aber sie mussten ausgesprochen werden.

Es wäre zu einfach gewesen, Hitler als größenwahnsinnigen Welteroberer allein für den Krieg verantwortlich zu machen.

Eindringlich bewies die KPD, dass die Hauptschuldigen für die gewissenlosen Abenteuer und Verbrechen des Hitlerkrieges die imperialistischen Auftraggeber der Nazipartei, die Herren der Großbanken und Konzerne sowie die Träger des Militarismus waren.

In zehn Punkten formulierte sie die vordringlichsten Aufgaben des demokratischen Neuaufbaus.

Zu ihnen gehörten die vollständige Beseitigung der Überreste des Hitlerregimes, die Säuberung aller öffentlichen Ämter von faschistisch gesinnten Personen, die Aufteilung des Großgrundbesitzes, die Enteignung der Kriegsverbrecher und aktiven Nazis sowie eine demokratische Schulreform.

Der Aufruf der KPD fand bei den Werktätigen in ganz Deutschland große Zustimmung.

Das Volk hatte erkannt, dass der Spaltung der Arbeiterklasse ein Ende gesetzt werden musste.

Im Potsdamer Abkommen wurde dem deutschen Volk das Recht zugesichert sein Leben in einem einheitlichen demokratischen Deutschland zu gestalten.

Doch sehr bald zeigte sich ein wesentlicher Unterschied zwischen dem von der Sowjetunion verwalteten Teil Deutschlands und jenen Gebieten, die von den Westmächten besetzt waren.

Adenauer hatte bereits im Herbst 1945 den Westmächten vorgeschlagen: „Das beste wäre, sofort aus den drei westlichen Zonen einen Bundesstaat zu machen."

Als Befürworter dieses Vorschlages legten die Besatzungsbehörden den demokratischen Kräften im Westen Deutschlands jegliche Hindernisse in den Weg und missachteten die Grundsätze des Potsdamer Abkommens.

Dagegen schützten sie die Monopolkapitalisten und Junker sowie die faschistischen Generale vor dem gerechten Zorn des Volkes.

In einem Drittel Deutschlands aber wurde durch die Führung der geeinten Arbeiterklasse gegen das Monopolkapital ein neues und das bis dahin schönste Kapitel deutscher Geschichte geschrieben.

Die Menschen dieses Landesteils entfernten die reaktionären Kräfte aus den Verwaltungsorganen, nahmen selbst das Steuer des politischen Lebens in die Hand und schufen so die Grundlagen für einen demokratischen Volksstaat.

In den Tagen der größten Not, als es nach dem Krieg an allem, an Lebensmitteln, Wasser, Strom und Feuerung mangelte, gingen sie an das Werk, das Leben unseres Volkes neu zu gestalten, um uns eine schöne, friedliche Zukunft zu schaffen.

Meist hatten sie keine Erfahrung in der Verwaltungsarbeit, dafür aber den festen Willen, gemeinsam mit dem Volk diesen neuen Staat zu regieren.

Mithilfe der Arbeiterklasse und der neuen Verwaltungsorgane machten die Bauern und Landarbeiter mit einem jahrhundertealten Unrecht Schluss.

Sie verjagten die alten Militaristen und Ostlandritter von den Gütern und teilten den einst den Bauern geraubten Boden unter jenen auf, die ihn selbst bearbeiten.

Über 330 000 Landarbeiter, Bauern und Umsiedler erhielten mehr als 2 Millionen Hektar Land. Eine Hochburg des deutschen Imperialismus und Militarismus wurde im Osten Deutschlands damit beseitigt.

Noch größere Bedeutung hatte die Enteignung der Monopolkapitalisten und die Schaffung der volkseigenen Betriebe.

Der erste Schritt hierzu war, wie bereits erwähnt, die Entfernung der aktiven Faschisten aus den Betriebsleitungen und die Errichtung einer Arbeiterkontrolle.

Durch diese revolutionäre Aktion wurde das Prinzip „Was des Volkes Hände schaffen, soll des Volkes Eigen sein" zur Wirklichkeit.

Als einige reaktionäre Politiker der CDU und der LDP im Auftrag des Monopolkapitals 1947 die Rückgabe der Betriebe an die ehemaligen Unternehmer forderten, stellten sich die Arbeiter in Sachsen auf machtvollen Kundgebungen schützend vor das Volkseigentum.

Die reaktionären Kräfte kamen nicht zum Zuge.

Auch in den Westzonen forderten die Volksmassen nachdrücklich eine Entmachtung der Schuldigen des Krieges.

Die Bauern und Landarbeiter verlangten die Verkündung der Bodenreform. In Hessen entschieden sich ähnlich wie in Sachsen weit über zwei Drittel aller Wähler für die Enteignung des Monopolkapitals.

Auch in Nordrhein-Westfalen, Schleswig-Holstein und anderen Teilen Westdeutschlands mussten die Landtage den Forderungen der Werktätigen nachkommen und Gesetze über die Enteignung der Monopolkapitalisten und Großgrundbesitzer annehmen.

Die Arbeiter an Ruhr und Rhein, in Hamburg und in Bayern setzten einige demokratische Rechte durch. Doch die Kraft der Arbeiterklasse und der anderen Demokraten reichte nicht aus, um die gemeinsame Front der deutschen Reaktion und ihrer ausländischen Bundesgenossen – der imperialistischen Besatzungsmächte – zu durchbrechen.

Durch die antikommunistische Führung wurde der Kampf gegen Imperialismus und Militarismus gelähmt und somit wurde es auch wieder möglich, alle entscheidenden Positionen mit volksfeindlichen Monopolkapitalisten, Hitlergeneralen, Nazidiplomaten und Blutrichtern zu besetzen. Um zu verhindern, dass die antifaschistisch-demokratische Umwälzung auch auf die Westzonen übergriff, schritten die reaktionären Kräfte der Bourgeoisie mithilfe der imperialistischen Besatzungsmächte zur Spaltung Deutschlands.

Als Reaktion darauf und auf Initiative der SED (Sozialistische Einheitspartei Deutschlands) trat Ende 1947 in Berlin ein Volkskongress zusammen, zu dem Vertreter aus allen Teilen Deutschlands erschienen, die sich für die Einheit Deutschlands und den Abschluss eines Friedensvertrages aussprachen. Die Forderungen der Volkskongressbewegung fanden die Unterstützung der Sowjetregierung, die sich dafür einsetzte, in kürzester Frist einen Friedensvertrag mit Deutschland abzuschließen und dann binnen eines Jahres alle ausländischen Truppen aus Deutschland abzuziehen.

Wären die Vorschläge der Volkskongressbewegung und der Sowjetunion damals verwirklicht worden, gäbe es heute bereits über sechs Jahrzehnte ein einheitliches und friedliebendes Deutschland. Doch die Westmächte und die reaktionären westdeutschen Politiker lehnten diese Vorschläge ab, untersagten die Durchführung einer Volksbefragung, in der sich die Deutschen in Ost und West zu den Lebensfragen der Nation äußern sollten, und beschleunigten ihre Anstrengungen zur völligen staatlichen Spaltung Deutschlands.

Im Sommer 1948 führten die Westmächte dann bereits in ihren Besatzungszonen eine eigene Währung ein. Eine Währung, die schon zuvor und heimlich in den USA für den westlichen Teil Deutschlands gedruckt wurde. Zugleich spalteten sie die bis dahin einheitliche Verwaltung Berlins und verwandelten Westberlin in ein Agentennest und Störzentrum des „Kalten Krieges".

Im September 1949 rissen sie mit der Bildung der westdeutschen Bundesrepublik diesen Teil Deutschlands aus dem deutschen Nationalverband heraus und bestimmten das rheinische Provinzstädtchen Bonn zur Hauptstadt dieses Staatsgebildes.

So riefen die alten Verderber Deutschlands im Verein mit den reaktionären Kräften der Westmächte den nationalen Notstand hervor.

Die Arbeiter der Leuna-Werke und der Berliner Großbetriebe, die Bauern in Mecklenburg und in der Altmark, nicht zuletzt die jungen Menschen forderten, die Zerreißung der nationalen Einheit Deutschlands mit der Bildung einer demokratischen deutschen Regierung in Berlin zu beantworten. Im gleichen Sinne äußerte sich der Demokratische Block.

Am 7. Oktober 1949 konstituierte sich der Deutsche Volksrat als provisorische Volkskammer und proklamierte die Deutsche Demokratische Republik.

Nachdem die Faschisten 1933 den Führer der KPD, Ernst Thälmann, eingekerkert und vor Ende des Krieges ermordet hatten, wurde Wilhelm Piek zum Parteivorsitzenden und mit der Gründung der DDR zu ihrem ersten Präsidenten gewählt. Mit der Gründung der Deutschen Demokratischen Republik wurde auch die vom III. Deutschen Volkskongress angenommene Verfassung in Kraft gesetzt. Die Verfassung war viele Monate in ganz Deutschland diskutiert worden. Sie enthielt die Grundsätze eines wahrhaft demokratischen Staatsaufbaus. Alle Macht geht in der DDR vom Volke aus.

Die wirtschaftlichen Reichtümer des Landes gehören dem Volk und ihre Nutzung dient ausschließlich dem steigenden Wohlstand der Werktätigen.

Das Bonner Grundgesetz dagegen dient der Festigung der politischen und wirtschaftlichen Macht des Monopolkapitals. Zwar kündigt es auf dem Papier einige demokratische Grundrechte, so das allgemeine Wahlrecht, aber in Wirklichkeit bestimmen die großen Monopole, wer als Abgeordneter in den Bundestag einzieht. In ihrer Hand sind die Presse, der Rundfunk, die Polizei und die Gerichte.

Die demokratischen Forderungen der Werktätigen bleiben unberücksichtigt, die Macht der Monopole unangetastet.

Der Aufbau der Grundlagen des Sozialismus musste unter den Bedingungen der Spaltung Deutschlands und des Bestehens einer offenen Grenze der DDR gegenüber dem Herrschaftsbereich des Imperialismus erfolgen. Hieraus ergaben sich zahlreiche Schwierigkeiten, für deren Überwindung die Werktätigen unserer Republik viel Kraft einsetzen mussten. Dabei hatte die DDR eine denkbar ungünstige Ausgangsposition für den wirtschaftlichen Wettbewerb mit Westdeutschland.

Auf dem Gebiet der DDR gibt es nur ganz geringe Vorkommen an Eisenerz, Steinkohle und anderen wichtigen Rohstoffen. Der Anteil der Roheisenproduktion an der ganz Deutschlands betrug hier bis 1945 lediglich 1,6 Prozent. Auf dem Gebiet der DDR standen am Ende des Zweiten Weltkrieges nur fünf völlig veraltete Hochöfen. An Rhein und Ruhr dagegen befanden sich 120 brauchbare zum Teil sehr moderne Hochöfen. Auch andere wichtige Zweige der Grundstoffindustrie sind vor dem Krieg bereits vornehmlich im Westen Deutschlands errichtet worden. Dem im Osten relativ gut entwickelten Maschinenbau fehlte somit die Rohstoffgrundlage.

Auf dem Territorium der DDR hatte zudem der Hitlerkrieg besonders große Zerstörungen hinterlassen, da die faschistische Führung hier den Krieg bis „fünf Minuten nach zwölf" fortgesetzt hatte. Letztendlich wurde Westdeutschland dann nach dem Ende des Zweiten Weltkrieges auch noch durch eine Dollarspritze von vielen Milliarden hochgepäppelt, damit hier ein antikommunistisches Bollwerk entstehen konnte.

Trotz allem gehörte die DDR bis 1989 zu den zehn führenden Industriestaaten der Welt.

Der Kampf um die ökonomische Stärkung der DDR, um höhere Arbeitsproduktivität war einer der wichtigsten Abschnitte des Klassenkampfes. Er war auch deshalb Klassenkampf, weil die westdeutschen Imperialisten mit allen ihnen zur Verfügung stehenden Mitteln – angefangen von organisierter Sabotage und Diversion bis zur Ausstreuung von Gerüchten und gelenkter Propaganda durch Rundfunk und Fernsehen – bestrebt waren, unsere wirtschaftliche Entwicklung zu behindern, rückständige Auffassungen einzelner Werktätiger auszunutzen und einer Steigerung der Arbeitsproduktivität entgegenzuwirken.

Die demokratischen Errungenschaften der Werktätigen im Osten Deutschlands waren in Gefahr, denn das erklärte Ziel des Bonner Staates und seiner Machthaber bestand darin, den Herrschaftsbereich des deutschen Imperialismus wieder auf ganz Deutschland auszudehnen, die volkseigenen Betriebe den Monopolkapitalisten zurückzugeben und den junkerlichen Großgrundbesitz wieder herzustellen.

Von der Maas bis an die Memel, von der Etsch bis an den Belt?

Sie sannen auf Rache!

Im Frühjahr 1945 begannen sich Hitlers belastete Geheimdienstler vorerst zu tarnen, um dem Zorn der auch von ihnen dezimierten Völker zu entkommen. Sie flohen scharenweise in den Westen Deutschlands. Viele von ihnen biederten sich schon bald als „unentbehrliche", als antikommunistische „Fachleute" bei den Anglo-Amerikanern an. Leute, die bisher Todesstrafen für „Landesverrat" verhängten, begingen ihn jetzt für Care-Pakete und britische Zigaretten.

In ihrer imperialistischen, militaristischen Grundeinstellung blieben sie unbekehrt.

Aber dafür hatten die führenden Geheimdienstler des deutschen Imperialismus bereits in den Jahren 1944/45 ein Nachkriegsprogramm konzipiert und präzisiert.

Nicht lange nach der bedingungslosen Kapitulation des faschistischen „Dritten Reiches" ging ihre Teufelssaat auf.

Es ist erstaunlich und eine Warnung zugleich, wenn man sich das Ergebnis der Suche nach Spuren profilierter Kader der „Abwehr" vor Augen hält.

Wo immer der weltkriegsgeschichtlich Bewanderte durch die Bonner Lande streifte, durch den Bundestag, durch Konzern- und Parteibüros, Ministerien, Ämter und Institute, er konnte Männer treffen, deren Namen schon in den Geheimakten des (Oberkommando der Wehrmacht) OKW-Amtes Ausland/Abwehr ihren festen Platz hatten.

Die im Jahr 2011 eingesetzte unabhängige Historikerkommission zur Erforschung der BND Anfangsgeschichte hat hierzu auch ein Zwischenergebnis vorgelegt.

Es geht um Naziseilschaften, mangelnde Sensibilität, politische Verbundenheit und Komplizenschaft. Um Kontinuitätslinien zur NS-Zeit.

Der BND und die dunkle Geschichte der Naziseilschaften!

Der frühere Wehrmachtsgeneral Reinhard Gehlen (1902 bis 1979) hatte 1946 unter US-Führung den deutschen Auslandsnachrichtendienst, die „Organisation Gehlen", geschaffen. 1956 gründete die Regierung von Kanzler Konrad Adenauer (CDU) den BND. Gehlen leitete den Dienst bis 1968. Seit Langem ist bekannt, und es wurde von der Regierung der DDR auch immer wieder darauf hingewiesen, dass in der „Organisation Gehlen" zahlreiche Nazis untergekommen waren, natürlich auch mit Billigung der Amerikaner. Für die Rekrutierung neuer Mitarbeiter reichte als Garantie die Beurteilung des Verhaltens im Dritten Reich.

Noch 1957 wurde ein führender und erheblich belasteter Nazi mit einem Empfehlungsschreiben eines Ex-Kameraden beim BND eingestellt, der bereits in der Hitler-Zeit dessen Vorgesetzter war. Hier hat sich unbestritten ein typisches Vorgesetzten- und Vorbildverhältnis zwischen der älteren und der jüngeren Generation entwickelt, die beide aber durch die Nazi-Zeit geprägt waren.

Ersparen wir uns an dieser Stelle weitere Namen Revue passieren zu lassen.

Hier nur noch ein Beispiel!

Im Frühjahr 1969 wurde in Berlin, der Hauptstadt der DDR, der gefasste Agent des westdeutschen geheimen „Bundesnachrichtendienstes" (BND) Rolf Sonnabend abgeurteilt.

Sonnabend hatte während des Zweiten Weltkrieges der „Abwehr" angehört und war als Heereskriegsinspektor in der Abteilung III. Noch 1944 war Sonnabend mit dem Kriegsverdienstkreuz mit Schwertern dekoriert worden. Dieser „Abwehr"-Mann wurde nun im ersten deutschen Friedensstaat ertappt, wie er sich als Fährtensucher einer neuen Aggression, eines Überfalls des Bonner Staates auf die DDR und somit auf die Staaten des Warschauer Verteidigungspaktes, betätigte. Er jagte militärischen, wirtschaftlichen und politischen Geheimnissen nach. Gleichzeitig sollte aber seine Spionage gefährliche Diversions-und Sabotageakte vorbereiten helfen. Dabei spielten besondere Methoden illegalen Eindringens in die DDR eine große Rolle, über die er vor Gericht unter anderem aussagte.

Die territoriale Lage Westberlins wurde im Zusammenhang mit der Einschleusung von Agenten als Kampfschwimmer behandelt. Meine Erkundungsschwerpunkte waren sichere Stellen für das Verlassen der Gewässer und günstige Unterschlupfmöglichkeiten. Generell erhielt ich den Auftrag in der DDR günstige Versteckmöglichkeiten für Agenten- und Diversionsgruppen sowie deren Ausrüstung zu erkunden und wichtige Geländeabschnitte ausfindig zu machen, die für den Absprung von Fallschirmspringern geeignet sind. Auftragsgemäß berichtete ich ständig über derartige von mir erforschte Geländeabschnitte. Das gleiche traf auch auf die Gewässer im Raum Berlins und deren Umgebung zu. Die Mitarbeiter des BND haben mir ausdrücklich mitgeteilt, dass diese von mir gesammelten Angaben außer von den Geheimdiensten selbst von der Bundeswehr für ihre strategisch-operative Planung ausgewertet und anderen NATO-Verbänden zur Verfügung gestellt wurden. Des Weiteren klärte ich im Raum Berlin-Baumschulenweg den Geländeabschnitt der Königsheide auf, der als Abwurfgebiet für nachrichtendienstliche Hilfsmittel und Ausrüstungen für bereits eingeschleuste und tätige Agenten festgelegt worden war. Aus mehreren Gesprächen mit Mitarbeitern des BND erfuhr ich, dass diese Aktionen der Vorbereitung einer Aggression gegen die DDR dienten. Ihnen maßen die Mitarbeiter des BND größte militärische Bedeutung bei, zumal ihre Vorbereitung und Durchführung in Friedenszeiten mit der entsprechenden Sorgfalt und Genauigkeit erfolgte. So erfuhr ich, dass geplant war, die praktizierten Einsätze der Einsatzkommandos der „Brandenburger" während des Zweiten Weltkrieges in ähnlicher Form im

Gebiet der DDR zu wiederholen. Zu den Aufgaben der Spezialeinheiten gehörte es, Sabotage- und Diversionsakte im Einsatzgebiet durchzuführen, dort Untergruppen zu bilden, die Bevölkerung gegen die Regierung aufzuwiegeln, umfangreiche Militärspionage zu betreiben und militärische Handlungen aktiv zu unterstützen. Um seine Spionageergebnisse schnell und auch unter Kriegsbedingungen an die westdeutsche Geheimdienstzentrale übermitteln zu können, war Sonnabend zusätzlich als Agentenfunker ausgebildet worden.

Ein Fall, aus Hunderten herausgegriffen, zeigt zunächst, dass „Abwehr"-Offiziere und -Agenten der Hitlerwehrmacht gemeinsam mit der CIA seit Jahrzehnten unentwegt und bedenkenlos für den deutschen Imperialismus auf Kriegspfad waren.

Der Zweite Weltkrieg wurde aus militärischer Sicht zwar von Deutschland verloren, es wurde aber nach 1945 mit anderen Mitteln zurückgeschlagen. Mit den Mitteln des sogenannten „Kalten Krieges".

Ebenfalls einen Beweis liefert heute nach der deutschen „Wiedervereinigung" ein Tatsachenbericht von „höchster politischer Sprengkraft", das Buch „Todeszone".

Eine Enthüllung der bisher geheim gehaltenen Kapitel der deutschen Nachkriegsgeschichte.

CIA und BND haben von Westdeutschland aus Geheimdienstoperationen gegen die DDR geplant und durchgeführt. In unzähligen Einsätzen überquerten sogenannte „Elitekommandos Ost" die deutsch-deutsche Grenze, verhalfen Überläufern zur Flucht und verübte Sabotageakte an wichtigen ostdeutschen Einrichtungen. Durch diese Aktionen sollte die politische Führung der DDR geschwächt und der Widerstand im Volk geschürt werden.

Auch der Vatikan in Gestalt seiner jeweiligen Päpste und vertreten durch seine untertänigsten Diener lässt sich heute, so wie auch seit dem Altertum, entgegen der zehn Gebote, gegen die für soziale Gerechtigkeit kämpfenden Völker missbrauchen. Wohl wissend, dass die armen Menschen unserer Erde von Gebeten und auch von Almosen nicht satt werden.

Denken wir nur mal an die vielen „heiligen Kriege" der Kreuzritter oder an den Spruch auf den Gürtelschnallen der Soldaten im Ersten Weltkrieg „Gott mit uns"! Auch standen die Kirchen den Gegnern der sozialistischen Gesellschaftsordnung nicht nur zum Beten offen. Hier traf sich die sogenannte Opposition, hier trafen sich die „Menschenrechtler". Ihr Ziel haben sie 1989 in der DDR und damit leider auch im gesamten osteuropäischen Raum erreicht.

Wie konnte es aber dazu kommen?

Diese Frage könnte man mit einem einzigen Satz beantworten. Ein friedliebendes Land kann sich auch nur im Frieden entwickeln und dafür braucht es friedliche Nachbarn.

Oder anders gesagt: „Es kann der Frömmste nicht in Frieden leben, wenn es dem bösen Nachbarn nicht gefällt." Politik im kapitalistischen System ist Krieg und Kriegsvorbereitung auch mit den Mitteln des bereits erwähnten „Kalten Krieges", und in jedem Krieg geht es vor allem um Lebensraum, um Herrschaft und Vernichtung des Schwachen oder seine bedingungslose Unterwerfung.

Dieser einfachen Logik folgten auch die Gegner der sozialistischen Staatengemeinschaft.

Einer der extremsten amerikanischen Dunkelmänner, der Antikommunist James Burnham, formulierte Anfang der fünfziger Jahre einen wahnwitzigen Gedanken, der bis zum heutigen Tag die militärische und politische Strategie der Vereinigten Staaten beeinflusst.

Ein Sieg der USA und ihrer Verbündeten in einem Krieg gegen die sozialistischen Länder, so Burnham, sei nur möglich, wenn gleichzeitig Schläge von außen und innen geführt würden.

Hier hat die USA bereits vor 1941 viel von der deutschen Abwehr gelernt.

Man suchte also nach Kräften für diese „zweite Front", die im entscheidenden Moment von innen einen konterrevolutionären Schlag gegen diese Länder führen sollten.

Die amerikanischen Imperialisten begannen einen eigenartigen Einsatz für die „Fünfte Kolonne" zu schaffen. Es waren Sondereinheiten der US-Armee, auch „grüne Barette", „Ranger" oder „Special Forces" genannt. Diese Truppen seien nach den Plänen Washingtons in der Lage, in der sozialistischen Welt eine „neue Art Krieg" zu entfachen. Das sollte ein Krieg von subversiven Elementen, Aufrührern und Mördern sein, ein Krieg aus dem Hinterhalt, ein Krieg durch Infiltration, nicht aber durch Überfall, ein Krieg, in dem die Siege durch Erschöpfung und Zermürbung und nicht im offenen Kampf errungen werden.

Der sogenannte „Kalte Krieg"!

Der Kalte Krieg ist keine Idee der sozialistischen Staatengemeinschaft und somit kein Akt des Kräftemessens gegen den Kapitalismus. Die Idee dieser Art Kriegführung ist so alt wie die Gier nach Macht und Reichtum.

Wie das von den USA und den westlichen Alliierten in der Praxis geplant und umgesetzt wurde, ist im Folgenden zu erkennen.

Die ersten Abteilungen der Sondertruppen der „Special Forces" wurden 1952 aufgestellt.

Die Spezialtruppen, schrieb die BRD-Zeitschrift „Stern", seien von Anfang an als der bewaffnete Arm der CIA geplant gewesen, deren Hauptaufgabe bekanntlich Spionage, Diversion und Organisierung des Partisanenkrieges hinter der Frontlinie war.

Im Dekret des Präsidenten der USA, Harry S. Truman, ist die Mission der Sondertruppen wie folgt formuliert: „Sie sollen unzufriedene Personen in ausländischen Staaten für die Führung des Partisanenkrieges, für die Erschwerung der Tätigkeit und zum Sturz von Regierungen, die den Vereinigten Staaten feindlich gesinnt sind, organisieren, ausbilden, leiten und mit allem Notwendigen versorgen.

Es ist für niemanden ein Geheimnis, dass der Hauptstoß im Geheimkrieg der Sondereinheiten von Anfang an gegen die sozialistischen Länder gerichtet war.

Zur schnellen Auffüllung dieser Formation beschloss der Kongress der USA im Schnellverfahren damals ein besonderes Gesetz, das Lodge-Gesetz (Lodge-Act).

Es sah die Aufnahme von Ausländern (in erster Linie von Verrätern aus sozialistischen Ländern) in die amerikanische Armee für die Durchführung von „Sonderaufgaben" vor.

Die amerikanische Zeitung „New York Times" schrieb in diesem Zusammenhang, es sei dem Pentagon gelungen, „einige Personen" aus sozialistischen Ländern anzuwerben und sie in den Sondereinheiten darauf abzurichten, „kommunistische Regimes ohne einen allgemeinen Krieg und sogar ohne lokale Kriege zu stürzen".

Die Abteilungen sollten vornehmlich nachts bei eingeschränkten Sichtmöglichkeiten operieren. Die Kommandoangehörigen wurden so ausgebildet, dass sie sich als Ortsbewohner, als Leute, die im Transportwesen, auf dem Feld oder auf verschiedenen Baustellen arbeiteten, als Post- oder Telegrafenarbeiter oder auch als Militärangehörige des Landes ausgeben konnten, auf dessen Territorium sie Aufträge auszuführen hatten.

Bei der geringsten Gefahr oder einer Veränderung einer Situation schrieb die amerikanische Zeitung „Wallstreet Journal" ganz offen, würde man diese Helfershelfer verraten, denn alle offiziellen amerikanischen Stellen würden sich nachdrücklich von ihnen distanzieren.

Infiltration, auch eine Methode der subversiven Tätigkeit, verfolgt bereits als altes Mittel weitreichende Ziele. Vom Eindringen einzelner Agenten bis hin zur Schaffung eines Netzes von Agenturen.

Eines der Hauptziele der „Infiltration", so schreibt Blackstock, auch ein amerikanischer Spionagefachmann, in seinem Buch „Strategie des Umsturzes", besteht darin, die politische und soziale Struktur eines Landes bis zu einem solchen Grad zu zerstören, dass der Staat zum Widerstand unfähig ist.

So wäre es doch seitens der sozialistischen Staaten sehr naiv gewesen, auf diese Aktivitäten nicht in angemessener Weise zu reagieren.

Beweis dafür sind die zahlreichen subversiven Aktionen der amerikanischen Militärclique gegen die Völker Griechenlands, Koreas, Boliviens, Guatemalas, Kubas, Chiles, Nicaraguas, des Libanons, des Kongo, britisch Guayanas, Angolas, der Dominikanischen Republik, Vietnams, Kambodschas, Laos, des Iran, Iraks, Syriens, Ägyptens und vieler anderer Länder.

So wurden auf diese Weise von 1945 bis 2012 von den USA und ihren Verbündeten weltweit 53 Kriege angezettelt.

Der sogenannte „Kalte Krieg" lässt sich zusätzlich zu den oben genannten Methoden heute noch viel effektiver mit Sanktionen, der Massenverdummung und mithilfe moderner Technik führen. Eine Mauer wie in Berlin kann hier nur ein Symbol sein, sie konnte uns davor nicht schützen.

Die Zukunft wird weitere Beweise hierfür liefern, wenn die Völker der Erde diese schmutzigen und hinterhältigen Machenschaften nicht durchschauen.

Das derzeit aktuellste Beispiel beweist uns die Situation seit Anfang 2014 in der Ukraine.

Und es könnte doch alles so schön sein!

Unsere Kleingartenanlage befindet sich direkt an der Bahnstrecke Magdeburg-Leipzig. Der Lärm vorbeifahrender Züge scheint hier niemanden zu stören, am wenigsten jene Vereinsmitglieder, die früher in den meisten Fällen ihr Hobby zum Beruf gemacht haben, und heute als „Jobreservisten" gezwungen sind, ihren Beruf leider wieder zum Hobby zu machen.

So ist es durchaus üblich, dass einige Familien die Wochenenden durchgängig in ihren Gärten verbringen.

Wir schreiben das Jahr 1997. Es ist heute ein herrlicher Sommertag.

Wie immer zur Frühstückszeit haben wir es uns auf der Terrasse gemütlich gemacht und genießen die Ruhe der Natur.

Für den heutigen Tag ist wegen des schönen Wetters, aber vor allem wegen der angesagten dreißig Grad, keine Gartenarbeit angesagt.

So beginnt für uns – das heißt für meine Frau, für unsere Enkel, die ihre Ferien mit uns zusammen im Garten verbringen, und natürlich auch für mich – bereits am Morgen der gemütliche Teil des Tages.

Meinen Stammplatz auf der „sozialen" Hängematte unter einem Kirschbaum habe ich mir bereits reserviert.

Um aber hier nicht missverstanden zu werden, komme ich auf das Thema „Reichtum unterhalb der Armutsgrenze, ein Segen des Kapitalismus" in einem späteren Kapitel noch einmal zurück.

Jetzt mache ich erst einmal einen Rundgang durch den Garten und plane die anfallenden Arbeiten für den nächsten Tag.

So, das war's dann! Jetzt geht's in die Hängematte.

Ich höre den Gesang der Vögel und das leise Summen der Insekten.

Wer hat in solchen Momenten nicht schon mal seine Gedanken in die Vergangenheit schweifen lassen.

Gute und weniger gute Erinnerungen werden wach, ziehen in Gedanken wie ein Film vorüber.

Die guten möchte man nicht, die schlechten kann man nicht vergessen.

„Man kann das Heute nicht erkennen, wenn man das Gestern nicht sehen will", sagt eine alte Weisheit.

Vom (N)ich(ts) – zum Wir!

Das immer lauter werdende monotone Rattern eines Güterzuges ist zu hören.

Bremsen quietschen, der Zug wird durch ein Signal gestoppt.

Draußen am Zug höre ich Stimmen, die Tür auch unseres Güterwagens wird geöffnet.

„Alles aussteigen", ruft einer der Zugbegleiter! Wir dürfen nicht mehr weiterfahren!

Die Gleise sind zerstört und der Bahnhof in Dresden wurde bombardiert!

Die Leute in unserem Waggon verstauen alles, was sie bisher mitnehmen konnten.

Koffer, Säcke und Beutel werden durch die aufgezogene Tür gereicht.

Der ganze Tross bewegt sich in Richtung einer großen Halle.

Vor dieser mit Stroh ausgelegten Halle wird am Eingang aus einer Feldküche warmes Essen verteilt.

Ob es für alle gereicht hat? Ich weiß es nicht. Ich kann mich nur daran erinnern, dass wir mehrere Tage in dieser Halle verbracht haben.

Eines Tages wurde dann endlich ein neuer Zug für uns bereitgestellt.

Die meisten Leute, die sich in der Halle befinden, wollen weiter und besteigen den Zug.

Es ist Mitte April 1945.

Wir fahren über Hoyerswerda, Elsterwerda, Wittenberg bis nach Rosslau.

Hier angekommen ist auch schon wieder Endstation.

Der Bahnhof in Dessau und auch der Bahnhof in Zerbst ist zerstört und somit eine Weiterfahrt in beiden Richtungen nicht möglich.

Da nun an einen Transport in westliche Richtung nicht mehr zu denken ist, werden die Flüchtlinge auf die Ortschaften in Richtung Belzig verteilt.

Um diese Fahrt ins Ungewisse zu beenden, stiegen wir am nächsten Bahnhof, den wir erreichen konnten, aus. Hier in Thießen angekommen, konnten wir sehen, dass bereits am Bahnhofsvorplatz einige Pferdegespanne zur Aufnahme der Flüchtlinge bereitstanden.

Von einem der Bauern, der mit seinem Gespann vor dem Bahnhof steht, werden wir aufgenommen.

Meine Mutter, Oma, mein Bruder und ich klettern mit ein paar anderen Leuten auf den Wagen.

Wir fahren durch einen Wald, dann etwa fünf Kilometer auf einem Feldweg entlang. Es ist kalt und schon fast dunkel, als wir den Ort erreichen, der nun unser neues Zuhause sein wird.

Klein-Leitzkau, ein kleines Dorf, das sich zwischen Roßlau und Zerbst inmitten des Vorflämings befindet. Ein Ort, der vom Krieg und auch vom Trubel der Städte nichts abbekommen hat.

Wir fahren durch ein bereits geöffnetes Hoftor und halten neben einem Stallgebäude.

In einer großen, über der Futterküche liegenden Bodenkammer werden alle Leute, die auf dem Wagen saßen, untergebracht.

Der Raum ist mit Stroh und Decken ausgelegt.

Ein alter Küchenherd, eine lange Holzbank und ein großer Tisch stehen in dieser Kammer.

Wasser für den täglichen Bedarf muss aus der Futterküche geholt werden, einen Abfluss gibt es auch nicht.

Um den Küchenherd, unsere einzige Wärmequelle und Kochstelle, beheizen zu können, geht unsere Oma täglich mit einem alten Kartoffelsack in den Wald und sammelt Knackholz.

Es bleibt nicht aus, dass diese beengte Unterkunft zu Spannungen zwischen den Familien führt.

Um hier Schlimmeres zu vermeiden, wird der große Küchenraum abgeteilt.

Auch bekommt jede Familie eine weitere Kammer zugewiesen.

Für uns Kinder vergeht die Zeit so bis zum Frühjahr sehr schnell. Wenn das Hoftor offen ist, können wir an den warmen Tagen den Hof verlassen und die für uns neue Heimat entdecken. Eine Gelegenheit, die wir uns natürlich nicht entgehen lassen. Auf der anderen Straßenseite befinden sich eine Dorfschmiede und eine Wassermühle. Dazwischen befindet sich der Mühlteich. Wasser zieht Kinder magisch an! So ist es auch ganz klar, dass dieser Teich für uns zum besten Spielplatz wird. Es ist aber nur eine Frage der Zeit, bis wir auch die weitere Umgebung für uns entdecken.

Wiesen und Wälder, die unseren Ort umgeben, gehören genauso dazu wie die Pflaumen, Kirschen und Apfelalleen, für die sich erfreulicherweise zu dieser Zeit noch keine Pächter fanden. Was es auf Wiesen und in Wäldern an Essbarem gibt, lernen wir von unserer Mutter.

Mit Beeren, Kräutern und Pilzen kennt sie sich bestens aus, was ihr im Übrigen sehr oft hilft, das tägliche Essen für uns alle auf den Tisch zu stellen.

Bald lernen wir auch die anderen Flüchtlingskinder im Dorf kennen, hören, woher sie kommen und sehen, dass auch sie nur mit ihrer Mutter allein hier sind. Sie erzählen uns, dass ihr Papa im Krieg gefallen ist. Andere berichten von ihrem Papa, der sich noch in der Gefangenschaft befindet. Von den größeren Kindern erfahren wir viele Dinge über den Krieg, über ihre Vertreibung und über Dinge, die sie während der Flucht erleben mussten.

Wir wissen natürlich, dass wir Ähnliches auch erlebt haben, so kommen uns dann, wenn auch in verschwommenen Bildern, einige Erinnerungen an diese Zeit zurück.

Neugierig geworden, wollen wir nun von unserer Mutter mehr darüber wissen und merken nicht, dass wir sie mit unseren Fragen nur quälen.

Mit uns verständlichen Worten und oft Tränen in den Augen versucht sie uns alles zu erklären.

Erst jetzt erfahren wir, woher wir kommen, warum wir hier sind und warum wir nicht mehr zurückgehen dürfen. Schilderungen, mit denen wir allerdings noch nichts Richtiges anfangen können.

In Kostau, einem kleinen Dorf in Oberschlesien, sind wir, mein Bruder 1941 und ich 1943, geboren.
Es war Krieg!
Ende März 1945 mussten wir unsere Heimat verlassen, weil die Polen ihr von den Deutschen besiedeltes Land wieder zurückhaben wollten. Jede Familie durfte nur die wichtigsten persönlichen Dinge mitnehmen. Dann wurde alles auf einen Pferdewagen geladen, mit dem wir uns einem anderen Flüchtlingstreck anschließen mussten. Alle Flüchtlinge wurden bis zum nächsten Bahnhof gebracht, hier in Güterwagen verladen und in Richtung Dresden transportiert.

Warum das alles überhaupt passiert ist, können wir noch nicht so richtig verstehen, auch nicht, dass unser Vater noch in der Gefangenschaft ist.

Für uns Kinder wird Tage später nun der Dorfplatz zum beliebtesten Treffpunkt ausgemacht.

Dorfplatz mit Backhaus, 1953

Hier erfahren wir immer das Neuste und können auch den anderen von unseren Neuigkeiten erzählen. Auch sonst gehen von hier alle Aktivitäten aus, die unsere Freizeit bestimmen.

Räuber und Gendarm, Völkerball, Fußball, Weitwerfen, Kreiseln und vieles andere sind unsere Lieblingsbeschäftigungen und natürlich das Herumstromern in den Wäldern.

Ausdauer und Bewegung an der frischen Luft wird uns hier naturgemäß täglich und rund um die Uhr geboten.

Da unsere Mutter im Sommer als Erntehelfer auf dem Feld ist, können wir uns den ganzen Tag so gestalten, wie es uns gefällt.

1950, Erntehelfer in der Mittagspause

Das Mittagessen bekommen wir vom Bauern vor die Tür gestellt und die Zwischenmahlzeiten liefert gesund und unbelastet die Natur. Nun kann bei dieser Schilderung über unsere Lebensverhältnisse leicht der Eindruck entstehen, es hätte ja alles nicht besser für uns kommen können. Wer aber bei null anfangen muss, für den ist jeder Tag, an dem er nicht hungern braucht, ein guter Tag und für uns Kinder wohl das Maß aller Dinge.

Natürlich mussten wir dafür arbeiten, Pflichten erfüllen und auf vieles verzichten.

Für den nächsten Winter muss wieder vorgesorgt werden. Kohlen gibt es nicht, das bedeutet, es muss genügend Holz herangeschafft werden. Pilze und Kräuter werden gesammelt und zum Trocknen aufgefädelt. Von den Alleen holen wir uns das Obst zum Einwecken. Es müssen Kartoffeln für die Einkellerung gestoppelt werden und Zuckerrüben werden zu Rübensaft verarbeitet.

Für all diese Dinge müssen wir uns auf keinen Fall schämen, doch spüren wir, dass hinter den Gardinen so mancher misstrauische Blick auf uns gerichtet ist. Jeder im Dorf weiß, das unsere Eltern und Großeltern auch einmal anders gelebt, und jeder weiß auch, dass wir uns das heutige Leben nicht ausgesucht haben.

Uns als Kinder, die wir kein anderes Leben bewusst kennengelernt haben, stört dieses Misstrauen nicht. Doch der Stolz und die Würde unserer Eltern und Großeltern müssen wohl gerade in dieser schweren Zeit sehr leiden. Die Blicke und Gesten verstehen wir auch als Kinder und können sie sehr gut einordnen.

Es vergehen so drei lange Jahre.

Unser Vater, der am 12. 02. 1948 aus der Gefangenschaft entlassen wird, hat keine Ahnung, wo wir uns zu dieser Zeit befinden.

Er wusste nur, dass wir nicht mehr in Schlesien sind.

Um überhaupt an irgendwelche Informationen zu gelangen, fährt er nach Kiel zu seinem Bruder, dem aufgrund seiner körperlichen Behinderung der aktive Wehrdienst erspart blieb und dessen Anschrift ihm noch bekannt ist.

Von unserer Tante aus Cuxhaven erfährt er dann, dass wir noch leben und wo wir uns derzeit aufhalten.

Es ist nur einem Zufall zu verdanken, dass sie noch unter ihrer bekannten Anschrift zu erreichen ist. Nur durch ständigen Briefwechsel war es dann möglich die Aufenthaltsorte der anderen überlebenden Angehörigen wieder ausfindig zu machen.

Bei seinem Bruder vorübergehend untergebracht, versuchte unser Vater in Kiel eine Arbeit zu finden, um uns dann nachzuholen. Für uns alle eine geeignete Wohnung zu bekommen, ist jedoch aussichtslos.

Denn auch diese Stadt ist teilweise zerstört und vor allem aber mit ihren Flüchtlingen überfordert. Alle Mühe ist umsonst! Keine Arbeit, keine Wohnung.

Im August entschließt er sich dann nach Klein-Leitzkau zu kommen, um sich hier mit uns – seiner Familie – wieder ein neues Leben aufzubauen. Wir haben hier zwar keine schöne Wohnung, aber wir haben eine, und auch Arbeit gibt es überall. Für die Beseitigung der Trümmer in den Städten und für den Neuaufbau wird jede Hand gebraucht.

Es ist eigentlich ein Tag wie jeder andere auch, und doch ist unsere Mutter wie verändert, als sie uns zum Mittagessen ruft.

„Ich habe heute eine Überraschung für euch", sagt sie und kann dabei ihre Freude nicht verbergen.

Gespannt gehen wir die Treppe hoch und betreten die Küche.

Ja, hier gibt es eine Überraschung.

Ein Mann in einer uniformähnlichen Bekleidung sitzt mit einem strahlenden Gesicht auf der Küchenbank und streckt uns beide Arme entgegen.

An diese Überraschung müssen wir uns natürlich erst einmal gewöhnen, denn diesen Mann kennen wir nicht. So hält sich unsere Freude in Grenzen.

„Das ist euer Papa", sagt sie leise. „Er ist nun nach Hause gekommen, wird nun auch für immer bei uns bleiben."

Ich erinnere mich daran, dass einige Kinder aus dem Dorf uns von ihrem Papa erzählt haben, und auch, dass sie sehr traurig sind, weil er nicht wiederkommen wird.

Schnell habe ich begriffen, welches große Glück unsere Familie hat.

An den folgenden Tagen gehen wir oft mit unseren Eltern spazieren. Wir zeigen unserem Vater das Dorf und die Umgebung, die wir ja bereits ausgekundschaftet haben.

Mein Bruder wird im September eingeschult und ist nun stolz, dass er ihm die Schule im Ort zeigen kann.

Während dieser Spaziergänge werden unsere Eltern verständlicherweise oft von den anderen Bewohnern des Ortes, aber besonders von den anderen Flüchtlingen, die hier wohnen, angesprochen. Im Verlauf dieser Gespräche hören wir, dass sich die Erlebnisse der anderen mit unseren sehr ähnlich sind.

Aber auch die Bauern wollen von unserem Vater vieles über seine Zeit an der Front wissen. Wir spüren, dass er sich ihnen gegenüber nur sehr verhalten äußert.

Für einige der einheimischen Dorfbewohner waren wir Flüchtlinge nur Feiglinge, die nicht bereit waren ihr Leben für Volk und Vaterland zu opfern.

Die Russen kommen!

Auf dem Dorfplatz am Backhaus treffen sich wie fast jeden Tag die Kinder aus unserem Ort.
Es ist bereits später Nachmittag.
Ein Motorradfahrer, der aus Richtung Natho in das Dorf kommt, hält vor einem auf der Straße laufenden Bauern an. Sichtlich aufgeregt erzählt er, dass er von Roßlau bis Natho zwischen einer langen Panzerkolonne fahren musste. Erst als diese Kolonne anhielt, wurde er von einem russischen Offizier zum Überholen der Lkw und Panzerkolonne aufgefordert.
„Sag bloß", fragt der Bauer, „die wollen hier durchfahren?"
„Ich denke schon", sagt der Motorradfahrer, „ist doch die einzige feste Straße hier."
Bereits nach kurzer Zeit kommt ein LKW mit einigen Soldaten aus der angedeuteten Richtung in unseren Ort. Er fährt sehr langsam und scheint etwas zu suchen.
Bis auf uns drei oder vier Kinder, die sich noch auf der Straße befinden, ist der Dorfplatz wie leer gefegt. Der LKW hält vor uns an, ein Offizier steigt aus und begrüßt uns. Die Soldaten springen von der offenen Ladefläche, vertreten sich die Beine und beginnen mit geschickten Handgriffen, sich aus Papier und Tabak ein paar Zigaretten zu drehen.
„Wo ist Papa?", wendet sich der Offizier fragend an uns.
Noch bevor einer von uns antworten kann, zeigt er auf meinen Bruder, der ihm wohl als ältester erschien.
„Du holen Papa!"
Vater, der bereits am Hoftor stand und alles beobachten konnte, kommt meinem Bruder schon entgegen.

Der Offizier begrüßt ihn in gebrochenem Deutsch. Als mein Vater ihm darauf antwortet, sehen wir den Offizier sichtlich erfreut und überrascht.

Die Überraschung ist natürlich auch auf unserer Seite, denn Vater unterhält sich mit ihm fließend in einer für uns fremden Sprache.

Sie sprechen beide polnisch, eine Sprache, die unsere Eltern als ihre Zweitsprache in Schlesien gelernt haben.

Auf dem Kotflügel des LKW wird eine Landkarte ausgebreitet und angeregt darüber diskutiert. Der Fahrer und einige andere Soldaten haben dieses Gespräch aufmerksam verfolgt.

Sichtlich zufrieden verabschiedet sich der Offizier und gibt den Soldaten den Befehl zum Aufsitzen. Der Lkw wendet in einem großen Bogen und fährt wieder in die Richtung, aus der er gekommen ist. Als Vater dann wieder zum Hoftor kam, wurde er bereits mit neugierigen Blicken und Fragen empfangen. Leute, die sich hier bereits versammelt haben, wollen nun wissen, was die Russen erzählt haben und was sie vorhaben.

„Naja", sagt Vater, „wir können uns wohl heute auf eine unruhige Nacht einstellen.

Zwei Panzerregimenter wollen in Richtung Magdeburg. Um aber die Hauptverkehrsstraße und die noch zerstörten Straßen in Zerbst nicht zu blockieren, wollen sie ihr Ziel auf abgelegeneren Landstraßen erreichen.

Ich habe ihnen geraten nur auf gepflasterten Straßen zu fahren, weil diese einer solchen Belastung noch am besten standhalten. Auch sind auf diesem Weg keine zu engen Brücken und Bahnübergänge zu erwarten."

„Sag mal Leo", will einer der Männer wissen, „konnten die dich denn so gut verstehen?"

„Das nicht", sagt er, „aber wir haben uns in polnischer Sprache ganz gut verständigt."

„Und das kannst du?"

„Ja. Polnisch ist unsere zweite Heimatsprache."

„Gut zu wissen", sagte er, „dann bist du jetzt immer unser Dolmetscher, wenn es mal Probleme mit den Russen gibt."

„Probleme mit den Russen? Das ist doch eher umgedreht", gibt Vater ihm zu verstehen. Es kam nur eine kurze Geste. Er hatte verstanden!

„Aber unser Dolmetscher bist du jetzt trotzdem."

Bis zum Abend ist eine eigenartige, angespannte Ruhe im Dorf zu spüren.

In der Gaststube, die sonst um diese Zeit ihre Kunden hat, sind nur noch die Leute, die auch auf der gleichen Straßenseite wohnen.

Auch die Kinder aus dem Dorf sind heute bereits nach Hause gegangen.

Es muss so gegen zwanzig Uhr gewesen sein, als die ersten Lkw durch den Ort fahren, danach ist es eine Weile wieder ruhig.

Dann aber war es unüberhörbar.

Aus mehreren Kilometern Entfernung ist ein immer lauter werdendes Dröhnen und Kettengerassel zu hören. Die Erde und die Häuserwände beben.

Es sind Geräusche, die noch viele von uns, besonders aber die ehemaligen Soldaten, in unangenehmer Erinnerung haben.

Die ersten Jeeps und eine kleine Lkw Kolonne erreichen den Dorfrand, kurz darauf die ersten Panzer. Nur die ersten LKW fahren mit eingeschaltetem Tarnlicht. Die Panzer fahren ohne Licht. Nur die Signallampen der Einweiser bewegten sich wie blaue, rote oder grüne Sterne und gaben so Informationen an die nachfolgenden Fahrzeuge weiter.

Kein Mensch im Dorf wird wohl in diesen Stunden an Schlaf denken –, und es vergingen Stunden.

Wir sind ganz sicher nicht die einzigen, die sich dieses Treiben, hinter den Gardinen stehend, ansehen. Die meisten der Dorfbewohner sicherlich mit gemischten Gefühlen, denn vom Krieg blieb Klein-Leitzkau zum Glück verschont.

Russen, und schon gar nicht in solchem Aufmarsch, bekam hier noch keiner zu sehen.

So mussten sie nicht das Schicksal vieler russischer Dörfer teilen, deren Bewohner erleben mussten, was es heißt durch sinnlose Zerstörung, Hab und Gut und seine Angehörigen zu verlieren.

Die weiße Spur des zermahlenen Kopfsteinpflasters könnte man am nächsten Morgen sicher bis an das Endziel der Panzerkolonne verfolgen.

Am nächsten Tag treffen wir uns mit einigen Kindern auf dem Dorfplatz und gehen dieser Spur nach.

Vom Dorfrand aus sehen wir ein paar hundert Meter entfernt eine Gruppe Soldaten am Straßenrand stehen. Neugierig kommen wir der Gruppe näher und können auch bald erkennen, was hier passiert ist. Ein Panzer ist von der Straße abgekommen, im Straßengraben stecken geblieben, hat sich bis über die Ketten eingewühlt und kann nun aus eigener Kraft nicht mehr aus dem Graben. Scheinbar gelassen sitzen die Soldaten am Straßenrand, rauchen oder essen von den noch nicht ganz reifen Äpfeln, die sie sich von den Bäumen gepflückt haben.

Zwei Soldaten kommen uns entgegen.

„Kinder, wo kaufen Brot?"

Sie müssen es unseren Gesichtern angesehen haben, dass wir mit dieser Frage nicht viel anfangen können. Einer deutet auf seinen Bauch und sagt: „Hunger, essen!"

Aber einen Laden, einen Bäcker oder Ähnliches haben wir hier nicht. So konnten wir ihnen leider nicht weiterhelfen.

Die anderen Soldaten winken uns heran, versuchen sich mit uns zu unterhalten und zeigen auf ihre Waffen.

„Gitler kaputt", sagen sie.

Das haben wir verstanden und fragen: „Du nicht mehr schießen?"

„Njet", kam eine mehrstimmige Antwort.

Nach etwa einer Stunde kommen die beiden Soldaten aus dem Ort wieder zurück.

In einem Beutel haben sie Brot, Wurstgläser und Zwiebeln. In der Hand eine Milchkanne mit heißem Tee.

Wir erfahren erst sehr viel später, wer ihnen geholfen hat.

Es waren Leute aus dem Ort, die selbst kaum etwas haben, die aber den Hunger kennen und dieses Gefühl keinem wünschen.

Am späten Nachmittag des nächsten Tages kommen zwei große Panzer-Schlepper.

Sie hängen große dicke Stahlseile an den stecken gebliebenen Panzer und ziehen ihn langsam und gleichmäßig so weit aus dem Graben, bis er es alleine weiter schafft.

Nach einer kurzen groben Reinigung springen die Soldaten auf und folgen der weißen Spur.

Auch wenn noch eine Weile darüber gesprochen wird, die große Aufregung hat sich gelegt und das Leben im Dorf nimmt wieder seinen gewohnten Gang.

Heute beginnt Vater seine Arbeit als Forstarbeiter im Krakauer Forstbetrieb.

Da er noch kein Fahrrad besitzt, muss er sehr früh aufstehen und dann fast fünf Kilometer laufen, bis er an seinem Einsatzort ist.

Viel Geld verdient er dort zwar nicht, aber nach einer Woche konnte er sich wenigstens ein einigermaßen brauchbares Fahrrad von einem Bauern kaufen. Das Fahrrad war noch mit einer Karbidlampe ausgestattet. Das Karbid dafür konnte er sich immer bei unserem Dorfschmied holen.

Unsere Mutter arbeitet wie bisher als Erntehelfer auf den Feldern und kommt daher auch immer erst sehr spät von der Arbeit. So waren wir Kinder den ganzen Tag allein und haben uns mit den anderen auf dem Dorfplatz getroffen.

Da gerade die Zeit der Kartoffelernte ist, sind wir natürlich auch da, wo die Bauern das Kartoffelkraut auf ihren abgeernteten Feldern verbrennen. Schnell sind wir bei der Sache, suchen uns ein paar Kartoffeln und werfen sie in die Glut.

Es ist nicht einfach nur der Spaß dabei, mit dem Feuer zu spielen, uns geht es eher darum, die gerösteten Kartoffeln noch schön heiß aus der Glut zu holen und uns daran satt zu essen.

Dieser Herbst ist der letzte in meinem Vorschulalter und vergeht daher auch noch wie jeder andere mit Buden bauen, auf Bäume klettern, am Wasser spielen – und sonstigen, für Kinder in meinem Alter interessanten Dingen.

Der Winter rückt näher, es ist nasskalt und ungemütlich. Es ist vor allem für uns Kinder die langweiligste Zeit des Jahres. Da freuen wir uns natürlich schon auf den richtigen Winter mit Frost, mit Schnee, selbst gebauten Skiern und langen Rutschbahnen.

Einen Schlitten haben leider wir noch nicht.

Endlich ist es so weit! Es hat geschneit, der Mühlenteich sowie die Zuflüsse zum Teich sind zugefroren. Mit unseren hart gefrorenen Egelitstiefeln kann man besonders gut schlittern, so sind sie uns ein ausgezeichneter Ersatz für richtige Schlittschuhe. Nur bremsen kann man damit nicht. So kommt es dann auch oft zu einem Zusammenprall, zu Stürzen und entsprechenden Beulen. Den Spaß kann uns das aber nicht verderben. Jeder kleine Hügel, sogar die leicht abschüssige Dorfstraße wird für uns zu einer Rutschbahn.

Anfang März beginnt das Eis nun wieder zu schmelzen. Jetzt werden mit einem Beil auf dem Teich große Eisschollen herausgehackt, mit denen wir wie mit einem Floß über den Teich rudern. Das ist weitaus gefährlicher, denn mit unseren glatten Stiefeln rutschen wir auch schnell mal von der Eisscholle. Natürlich ist mir das auch heute wieder passiert.

Meine Kleidung ist völlig durchnässt und die Stiefel voller Wasser.

Das gibt Ärger, wie schon so oft.

Am nächsten Tag sind meine Sachen wieder halbwegs trocken, die Backpfeife, die Mutter mir verpasst hat, vergessen und das Spiel beginnt von Neuem.

Das Frühjahr vergeht, der Sommer rückt näher und damit verstreichen auch die letzten Monate meines Vorschulalters.

Das heißt, einige Ideen, die wir im Kopf haben, müssen bis dahin noch umgesetzt werden.

Im nahegelegenen Waldstück wurden von russischen Soldaten bei einer Übung Schützengräben ausgehoben. Hier fanden mein Kumpel und ich die besten Voraussetzungen, um mit wenig Aufwand eine Bude zu bauen. Den auf dem Dachboden seiner Eltern gefundenen Wäschekorb voller Inflationsgeld haben wir uns dort hingeschleppt, in vier große Kochtöpfe gefüllt und in den Aushöhlungen dieser Bude versteckt.

Das blieb immer unser Geheimnis. Ab jetzt waren wir „Billionäre".

Während des Spielens und Herumstrolchens in den Wäldern und an den Bächen der Umgebung haben wir natürlich auch andere Dinge entdeckt, die wir bis heute wie ein Geheimnis hüteten.

Unter einem großen Feldstein in der Sandgrube im Weinberg, so nennt sich das Waldstück zwischen Klein-Leitzkau und Garitz, entdeckten wir vor längerer Zeit eine MPi der Wehrmacht. Sie ist gut eingefettet und in einem Öltuch eingewickelt. An einem Wiesenbach unter einer Baumwurzel versteckt, finden wir einen ebenso gut erhaltenen Offiziersdolch.

Nacheinander legen wir beide Waffen auf große Feldsteine und werfen von einer Anhöhe so lange große Steine darauf, bis sie nur noch schrottreif sind.

Als solches wurden sie dann auch bei unserer nächsten Schrottsammelaktion eingesammelt.

Weit gefährlicher ist dann aber unsere nächste Aktion.

Außer diesen beiden Waffen haben wir natürlich auch Fundmunition in unseren Buden versteckt. Um diese loszuwerden, wird nun ein Haufen aus trockenen Ästen und Gräsern angebrannt. Wir werfen die ganze Munition in dieses Feuer und warten hinter einem Hügel, was nun passiert.

Es passierte vorerst nichts! Das Feuer ist schon fast erloschen.

Ein Junge aus unserer Truppe steigt über den Hügel, um noch etwas Holz nachzulegen.

Plötzlich explodiert der Aschehaufen wie ein Feuerwerk.

Wie ein Blitz ist Gunar – so hieß der Junge – wieder hinter dem Hügel. Hier liegen wir nun wie gelähmt.

Mindestens eine halbe Stunde lang steckt keiner von uns die Nase über den Hügel.

Es ist uns natürlich auch klar, dass diese Knallerei im ganzen Dorf zu hören war.

Um nicht noch entdeckt zu werden, überdecken wir den Aschehaufen mit Erde und schleichen uns auf einem großen Umweg auf die andere Seite des Dorfes.

Getrennt und mit unschuldigen Mienen schlendern wir dann zum Dorfplatz.

Die Kinder, die hier spielen, erzählen uns gleich von der Schießerei, die sie hier gehört haben.

„Habe ich auch gehört", sage ich, „aber das war in den Wäldern der Nothoer Berge. Natürlich sind da wieder die Russen, so wie es in letzter Zeit ja auch öfter vorkam."
Da nichts weiter passiert ist, können wir es uns auch gut verkneifen. Tatsächlich haben die Russen des Öfteren ihre Übungen in den Wäldern der Umgebung abgehalten. Den Russen sei Dank, bleibt dieser Unfug unser Geheimnis.
Immerhin gehöre ich schon fast zu den Schulkindern. Was den Blödsinn betrifft, bin ich einigen sogar voraus.
Da gleich nach der Einquartierung bei dem Bauern im Ort eine Anmeldung beim Gemeindeamt mittels Fragebogen erfolgen musste, war natürlich auch der zuständige Dorfpfarrer über unsere Religionszugehörigkeit informiert. Meine Eltern und auch die Großeltern stammen aus einer sehr streng katholischen Familie. So dauert es auch nicht lange und wir bekommen Besuch vom Pfarrer. Aufgrund der Ereignisse der letzten Jahre ist die religiöse Erziehung für uns Kinder nicht so sehr in den Vordergrund getreten. Jetzt sollen wir zum Religionsunterricht und auch noch sonntags in die Kirche gehen. Ein wenig neugierig sind wir schon. Doch bereits beim ersten Besuch haben wir uns über das komische Verhalten der Leute in der Kirche gewundert. Mein Bruder und ich waren uns bald einig, das ist nicht unsere Welt, und was hier erzählt wird, können wir oft nicht verstehen.
Auch die Geschichten aus der Bibel, die uns im Religionsunterricht erzählt werden, wirken auf uns wie Märchen. Mit den Zeremonien vor und nach dem Unterricht und auch in der Kirche können wir nichts anfangen. Bessere Menschen haben wir dort ebenfalls nicht kennengelernt.
An die zehn Gebote, die wir schon bald auswendig kannten, hat sich garantiert niemand von denen gehalten. Auch als wir kaum etwas zu essen und zum Anziehen hatten, haben uns die Gebete unserer Mutter und Großmutter nicht geholfen. So verlieren wir bald das Interesse daran und gehen lieber in den Wald, klettern auf Bäumen herum und bauen Buden.

Geholfen haben uns aber die Lebensmittelkarten, die meine Mutter von der Gemeinde erhalten hat, sowie auch einen Garten zur eigenen Nutzung und die Sachspenden einiger Dorfbewohner.
Auch die Flüchtlingsfamilien helfen sich gegenseitig, z. B. beim Schneidern von Bekleidung oder beim Reparieren unserer Schuhe, bei der Gartenarbeit oder beim Stallbau.
So haben meine Eltern bald erkannt, wo ehrlich gemeinte Hilfe herkommt und das wirkliche Leben stattfindet.
Es gehört zu einem richtigen Jungen immer ein Taschenmesser, einen Bindfaden und einen Nagel in der Tasche zu haben. Diese Weisheit verdanken wir unserem alten Dorfschäfer.
Von ihm lernen wir auch mit dem Taschenmesser umzugehen. Woher wir im Laufe der Zeit alle ein Taschenmesser haben? Wir kennen die Schrott- und Müllplätze der umliegenden Dörfer, so einfach ist das.
Der Schäfer zeigt uns, wie man sich aus einem frischen Weidenzweig eine Pfeife schnitzt, wie ein Schäferstab aussehen muss und wie man ihn handgerecht zuschneidet.
Auch eine Steinschleuder gehört bald in jede Hosentasche. Wie wir uns die bauen können, haben wir auch recht schnell begriffen. Eine Astgabel, Einweckgummi oder zwei Streifen vom Fahrradschlauch, eine alte Schuhzunge und etwas Draht oder Bindfaden. Mit etwas Geschick war dann das Ding bald fertig. Jetzt wird geübt. Alles wird zur Zielscheibe erklärt.
Irgendeiner von uns kommt auf die blöde Idee auf Fensterscheiben zu zielen. Ich finde diese Idee zwar nicht so toll, aber einen Rückzieher will ich auch nicht machen. Die erstbeste Fensterscheibe ist nun unser Ziel. Das Dachbodenfenster von Soweiers Haus. Eine wirklich blöde Idee. Danach gibt es richtig Prügel! Dieses Mal von unserem Vater und dieses Mal mit dem Riemen.
Im Dorf achten seitdem alle Erwachsenen darauf, dass keiner mehr mit einem Katapult in der Tasche herumrennt. Falls doch, wird es gleich eingezogen.
Alle Eltern sind sich hierin einig, das mussten wir auch einsehen.
Jetzt bauen wir uns Flitzebogen (Pfeil und Bogen). Hierfür brauchen wir einen Haselnussstock, einen Bindfaden, Schilf-

pfeile, die mit Holunderastkuppen bestückt werden. Fertig ist das neue Spielzeug. Fensterscheiben aber sind nicht mehr unser Ziel. Dann bauen wir uns auch noch Knallbüchsen aus Holunderholz, einen Druckbolzen und Eicheln, die sich als Geschoss besonders gut eignen.

Wurfpfeile aus vier Streichhölzern, einer Nadel und einem kleinen Blatt Papier sind auch ein beliebtes Spielzeug. Es ist quasi unser selbst gebautes Dartspiel.

Mein Bruder geht nun schon in die zweite Klasse und ist somit für unsere Spielchen nicht mehr zu begeistern, nur wenn es darum geht, auf die höchsten Bäume zu klettern, ist er noch dabei.

Inzwischen haben wir im Dorf auch einen Kindergarten, in dem alle Kinder im Vorschulalter kostenlos betreut werden.

So wissen unsere Eltern, dass wir versorgt sind, und können beruhigt ihrer Arbeit nachgehen.

Jetzt haben wir das Jahr 1949.

Im September beginnt auch für mich der Ernst des Lebens, die Zeit des Lernens.

Die Zeit bis zu meiner Einschulung nutze ich noch für Dinge, die mir Spaß machen und für die ich meine Kumpels noch begeistern kann.

Jetzt im Sommer gehen wir bei schönem Wetter in einem angestauten Wiesenbach baden.

Es ist zwar ein weiter Weg bis dahin, aber es ist die einzige Stelle, an der das Wasser auch tief genug ist. Wir laufen etwa drei Kilometer durch den Ratsbruch, ein Wald, der sich bis nach Ragösen hinzieht und hier unterbrochen von Waldwiesen und kleinen Bächen bereits in den Fläming übergeht. Der lange Weg stört uns nicht, denn die Wälder und Wiesen, die unseren Ort umgeben, sind nach wie vor unsere liebsten Spielplätze, auch wenn wir mal vor Wildschweinen die Flucht ergreifen müssen.

Viele Stunden sind wir dann auf unseren Streifzügen unterwegs und längst haben wir auch herausgefunden, wo wir uns in dieser Zeit mit Essbarem versorgen können.

Doch die Zeit für diese Dinge wird nun knapp, denn die Einschulung rückt immer näher.

Eine Zuckertüte haben meine Eltern bereits gefüllt. Wenn sie auch mit den Tüten meiner zukünftigen Klassenkameraden aus den Bauernfamilien nicht mithalten kann, so ist doch die Vorfreude und die Spannung auf den Inhalt groß.

Eine Schiefertafel habe ich mir schon von der herabgefallenen Schiefereindeckung unserer Dorfkirche geholt. Den Tafellappen hat meine Mutter mir genäht und als Stift dient ein großer Nagel. In einem selbst genähten Stoffbeutel ist jetzt alles drin für den Start ins neue Leben.

Um uns nun langsam an Ordnung und Pflichterfüllung zu gewöhnen, bekommen wir beide von unseren Eltern Aufgaben aufgetragen, die dann auch erledigt sein mussten, wenn unsere Eltern von der Arbeit nach Hause kamen.

Unsere kostenlose Milch zum Beispiel wurde täglich im Schulgebäude ausgegeben und ist immer pünktlich abzuholen.

Wie bereits erwähnt, bekamen unsere Eltern von der Gemeinde einen kleinen Garten, dazu überließ uns der Bauer, bei dem wir wohnen, einen kleinen Stall für die Kleintierhaltung.

Für die Selbstversorgung sind wir nun bestens gerüstet. Nicht nur, dass das Leben allmählich für uns leichter wird, finden unsere Eltern hierin auch ihr Hobby sowie für uns alle eine sinnvolle Beschäftigung.

Mein Vater baut den Stall aus, teilt Verschläge ab, baut Kaninchenbuchten. Jeder Zentimeter wird genutzt.

Das Ergebnis kann sich sehen lassen. Zwanzig Hühner, fast vierzig Kaninchen, fünf Gänse und drei Ziegen können wir jetzt unser Eigen nennen. Dafür, dass Vater an den Wochenenden noch dem Bauern bei der Arbeit hilft, darf er ein Stück vom Hof für einen Holzschuppen abteilen.

Diesen Schuppen, rund zwölf Quadratmeter groß, baut er aus Rundhölzern sowie aus mit Spanndraht gefertigten Nägeln.

Meinem Bruder wie auch mir war nun klar, dass die Zeit der Streiche endgültig vorbei ist.

Traurig darüber sind wir nicht. Außerdem haben nun auch unsere Spielgefährten ihre Pflichten zu erledigen.

Jeden Tag einen Sack voll Kaninchenfutter sammeln, am Straßengraben Gänse hüten, Ziegen umpflocken.

Es dauert auch nicht lange, sich an die neuen Aufgaben zu gewöhnen, denn die Vorteile gegenüber dem bisherigen Leben spüren wir sehr bald.

Wenn unsere Eltern nach Hause kommen, geht's in den Garten oder an die Straßenböschung zum Heu wenden. Langeweile kannten wir zwar nie, doch sehen wir jetzt einen Sinn in unserer Beschäftigung.

Andere Flüchtlingsfamilien, die sich für immer der Landwirtschaft zuwenden, bekommen vom Staat ein entsprechendes Stück Ackerland und einen Neubauern-Hof.

Die Tage vergehen wie im Fluge, oft ist nicht einmal Zeit für Hausaufgaben.

Glücklicherweise haben wir nur selten welche auf, doch wenn es sein muss, werden sie früh, bevor es zur Schule geht schnell auf die Schiefertafel gekratzt, lesen kann man darauf sowieso kaum etwas. So klappt es ganz gut, bis eines Tages an alle Schüler kostenlose Bücher und Hefte verteilt werden. Jetzt muss richtig gelernt werden! Aber es macht auch mehr Spaß.

Ach, unser alter Kantor – so nannte er sich selbst noch –, der bereits seinen achtzigsten Geburtstag hinter sich hat, trotzdem aber sehr streng ist, eben ein Lehrer der alten Schule, verteidigt schon mal mit dem Rohrstock seine Berufsehre.

Notfalls klettert er über die langen Schulbänke, um auch noch den letzten in der Reihe zu bändigen. Als er ein Jahr später verstirbt, bekommen wir einen neuen Lehrer.

Es ist ein junger Lehrer, der täglich mit dem Fahrrad zwölf Kilometer von Zerbst nach Klein-Leitzkau kommen muss. Nach zwei Jahren wird die Lehrerwohnung, die sich im Schulgebäude befindet, frei. Nun kann er mit seiner Familie dort einziehen und sich auch mehr um unsere Freizeitgestaltung kümmern.

Herr Köppe, der Neue, wie ihn hier alle nennen, ist bald sehr beliebt im ganzen Ort.

Mit neuen Lernmethoden, sehr viel Geduld und Verständnis für die Probleme in den kleinen Landschulen findet er bei allen Dorfbewohnern großes Vertrauen und Anerkennung.

Es ist aber auch für ihn nicht einfach, vier Klassenstufen in einem Raum zu unterrichten.

Er versteht es allerdings sehr geschickt, die Eltern seiner Schüler in diese Aufgabe einzubeziehen. Selbst um unsere Freizeit kümmert er sich. Er organisiert Wanderungen, Hörspielnachmittage, Bastelstunden und Altstoffsammlungen. Mit diesen Aktionen übernimmt er eine große Verantwortung für uns Kinder, und unseren Eltern gibt er das sichere Gefühl für eine gute Betreuung. So kann er zum Beispiel die Gemeinde und auch die Bauern davon überzeugen, ein Schwimmbad für uns Kinder zu bauen. Ein Bauer stellt für dieses Vorhaben einen Teil seiner Koppel (Weidefläche) zur Verfügung. Freiwillige Arbeitseinsätze, die erforderliche Technik und Baumaterial werden organisiert. Das Schwimmbad kann so noch im gleichen Sommer eingeweiht werden.

Wir Kinder bedanken uns bei den Bauern und allen freiwilligen Helfern, indem wir bei der Ernte tüchtig mit zupacken, die Kühe von der Weide holen oder an den Wochenenden die Dorfstraßen reinigen.

Ein besonderes Lob gab es für unseren fleißigen Einsatz beim Einsammeln von Kartoffelkäfern. Für diese neue und eigenartigerweise verstärkt im Osten Deutschlands auftretende Plage gibt es noch kein geeignetes chemisches Mittel.

Dementsprechend groß ist dann auch der Schaden, der von diesen Schädlingen angerichtet wurde. Da die Kartoffel ja bekanntlerweise nur als Zierpflanze von Amerika nach Europa gebracht und erst viele Jahre später hier als Lebensmittel kultiviert wurde, lässt das Auftreten dieser Käfer gerade hier und gerade zu diesem Zeitpunkt jede Spekulation offen. Die Russen hatten sie ganz sicher nicht im Marschgepäck.

Eher ist es wohl der Anteil der amerikanischen Rosinenbomber, deren Ladung man auf dem Weg nach West-Berlin uns zugedacht hatte. Dazu gehörten auch Falschgeld, gefälschte Lebensmittelkarten und Flugblätter.

Wie auch immer, für uns Kinder bedeutete jeder eingesammelte Kartoffelkäfer einen Pfennig und jede Larve einen halben Pfennig. So gesehen ist es für uns ein schönes Taschengeld. Weitere Aktionen wie Altstoff- und Schrottsammlungen werden regelmäßig organisiert. „Martin braucht Futter", hieß es jetzt! Martin war der erste Hochofen, der in der DDR wieder für die Stahlproduktion aufgebaut wurde.

Gemeinsam wird dann besprochen, wofür wir das Geld aus diesen Aktionen verwenden wollen. Es wurden zum Beispiel für unsere Schule ein Filmprojektor und ein Radio gekauft. Damit konnten wir uns nach dem Unterricht Filme ansehen oder Hörspiele im Radio anhören.

Auch für einen kleinen Imbiss, ein Eis oder ein belegtes Brötchen bei unseren organisierten Wandertagen ist oft noch etwas Geld übrig.

Die Wandertage führen uns meistens in die Wälder der Umgebung und werden, wenn es möglich ist, vom Revierförster begleitet.

Das ist natürlich für uns so richtig interessant, weil der Förster auf seine Weise und auch für uns verständlich viele Fragen beantworten kann.

Die Höhepunkte sind aber vor den Weihnachtsfeiertagen die jährlichen Theaterbesuche im Landestheater in Dessau. Mit einem Bus fahren wir dann in Begleitung unseres Lehrers und einiger Eltern vom Dorfplatz ab.

Über Natho, Streetz und Roßlau geht die Fahrt dann über die Elbe in Richtung Dessau.

Viele von den Dorfkindern, wie ich auch, haben die Elbe noch nie gesehen, keinen Dampfer und keinen richtigen Personenzug. Das alles sind für uns Erlebnisse, die wir nicht vergessen werden.

Noch sechs Kilometer dann sind wir in Dessau.

Die Aufregung ist groß, aber auch die Enttäuschung.

Was wir hier sehen, kennen wir auch noch nicht.

Zerstörte Häuser und Fabriken, Grünflächen mit Trümmerbergen und zerstörte Straßen.

Viele Leute sind dabei, die Ruinen der Häuser zu beseitigen und Steine aus den Trümmern zu suchen. Kinder spielen in den Ruinen.

Dieses Bild zieht sich bis zum Dessauer Bahnhof, der sich neben dem Theater befindet.

Auch der Bahnhof ist von Bomben zerstört und kann nur eingeschränkt genutzt werden.

Der zerstörte Teil des Theaters wurde bereits wieder aufgebaut.

Unser Lehrer kennt solche Bilder auch aus seiner ehemaligen Heimatstadt Zerbst.

So wie hier in Dessau sieht es also auch in Zerbst, Magdeburg, Dresden, Berlin und in vielen anderen Orten unseres Landes aus.

Einiges versucht er uns zu erklären, doch die Frage nach dem Warum wird uns noch viele Jahre beschäftigen.

Das Märchen „Die Schneekönigin" hat allen Kindern sehr gut gefallen, ist allerdings aufgrund der anderen Eindrücke in den nächsten Tagen bald vergessen.

Vergessen sind aber nicht die Bilder der zerstörten Häuser, die Berge der Trümmer und die Kinder in den Ruinen.

Immer wieder kommen wir in Gesprächen auf dieses Thema.

Auch unsere Eltern, denen mittlerweile die Neugierde zu Fragen der Geschehnisse auffällt, versuchen uns mit ihren Worten zu erklären, was sie erleben mussten und unter welchen Entbehrungen wir das alles überlebt haben.

Sie berichten über die Vertreibung, den Hunger und die vielen Toten.

Auch nach unseren Fragen, warum das alles so war, versuchen sie eine Antwort zu geben.

Ich habe hier aber den Eindruck, sie versuchen mit ihren Antworten die Vergangenheit selbst erst zu verstehen.

Zweimal im Monat gibt es eine Kinovorführung im Tanzsaal der Gaststätte unseres Ortes.

Es ist eine willkommene Abwechslung für alle Dorfbewohner. Der Eintrittspreis von fünfzig Pfennigen ist zudem erschwinglich und somit der Saal auch immer bis auf den letzten Platz belegt.

Mit jeder Frage, die unsere Eltern beantworten konnten, wird die „Wochenschau" vor dem Hauptfilm immer interessanter und bestätigt das von ihnen Berichtete.

Es sind Informationen, die über unser Dorfleben hinausgehen, uns in die Vergangenheit, aber auch in die Zukunft blicken lassen. Es wird oft über Geschehnisse berichtet, von denen auch die Erwachsenen noch nichts wussten, solche, die unser Leben verändert haben und auch Informationen, die das Leben künftig verändern werden.

Die vierte Klasse habe ich nun hinter mir, ab September 1953 gehöre ich zu den „Großen". Das bedeutet für mich dann aber auch vier Kilometer Schulweg.

Jeden Tag, bei jedem Wetter, bis nach Mühro und wieder zurück. Laufen natürlich!

Im Sommer ist das kein Problem, denn durch das tägliche Herumtollen oder die Erledigung unserer Pflichten haben wir uns an viel Bewegung gewöhnt.

Wer morgens pünktlich am Dorfplatz ist, darf diese Strecke auch mal auf dem Milchwagen mitfahren. Es ist ein Pferdegespann, welches jeden Tag die vor den Bauernhöfen abgestellten vollen Milchkannen zur Molkerei nach Dobritz bringt und dabei direkt in Mühro an unserer Schule vorbeikommt.

Als dann später die Maschinen-Ausleihstation (MAS) in Dobritz gegründet wird, werden wir täglich früh von einem LKW der Station abgeholt. Wegen der verschiedenen Unterrichtszeiten der einzelnen Klassen müssen wir allerdings oft nach Schulschluss nach Hause laufen.

Eine angenehme Fahrt ist das mit dem LKW und seiner durchlöcherten Plane im Winter natürlich auch nicht. Dafür fällt er bei zu hohem Schnee öfter mal aus und wir können zu Hause bleiben.

Bereits vor dieser Zeit lernte ich auf einem alten Fahrrad, dessen Reifen aus Vollgummi bestehen, das Fahrradfahren. Natürlich hätte ich nun auch gern eines, wie bereits die meisten Kinder in meinem Alter. Doch dafür können meine Eltern kein Geld ausgeben. Für sie gibt es noch immer weit wichtigere lebensnotwendige Dinge anzuschaffen.

Das ist mir natürlich auch bewusst und so helfe ich mir eben selbst.

Aus einem alten Fahrradrahmen, zusammengesuchten Rädern, einer verrosteten Fahrradkette und viel Geschick wird bald ein halbwegs brauchbares Gefährt. Als Sattel dient mir ein um die Querstange gewickelter Kartoffelsack.

Meine neue Errungenschaft erregt zwar in der Schule ein wenig Aufsehen, aber das ist mir egal. Ich muss nun nicht mehr laufen, jedenfalls solange alle Teile zusammenhalten. Bald finde ich auch noch einen Sattel und mein Stolz ist wieder aufpoliert.

Zeit zum Nachdenken!

Den 1. Mai erlebe ich in diesem Alter erstmals mit anderen Augen. Es ist der Feiertag der Werktätigen, ein Tag des Volkes. So erfahren wir es im Unterricht, in den Pioniernachmittagen und so erleben wir ihn auch.

Die Ortschaften Garitz und Klein-Leitzkau bilden einen Gemeindeverband, organisieren, arbeiten und feiern gemeinsam.

So wird auch heute der 1. Mai in Garitz gefeiert.

Die Bauern unseres Dorfes schmücken ihre Pferdewagen mit grünen Zweigen, Fahnen, bunten Girlanden und treffen sich dann auf dem Dorfplatz.

Hinter einer aus Zerbst angereisten Blaskapelle formiert sich der Umzug in Richtung Garitz.

Als wir hier ankommen, werden alle Gäste vom Bürgermeister herzlich begrüßt.

Der Nachmittag gehört an diesem Tag erst einmal den Kindern. Eierlaufen, Topfklopfen, Stangenklettern, Kegeln und auch eine Tombola werden zu jeder Feier organisiert. Zwei Bockwürste mit Brötchen und ein Glas Fassbrause gibt es für jedes Kind gratis. Natürlich ist auch ein Kindertanz bis achtzehn Uhr angesagt.

Abends sind dann die Erwachsenen in ihrem Element.

Ähnlich wird das Pfingstfest, dann im Wechsel, bei uns in Klein-Leitzkau gefeiert.

Der erste Juni, der „Tag des Kindes" sowie das Erntedankfest stehen als nächstes an.

Nun kann ja schnell der Eindruck entstehen, dass alle Sorgen der Welt einen Bogen um unsere friedlichen Dörfer machen.

Nein, leider nicht.

Die Alltagssorgen können auch von den Feiertagen nicht für immer verdrängt werden.

Heute ist der 17. Juni 1953. Es ist kein Tag wie jeder andere, in vielerlei Hinsicht auch kein guter Tag.

Mein Vater kommt heute früher als sonst von der Arbeit nach Hause.

Was ist nur los mit den Erwachsenen? Den ganzen Tag spürt man schon eine gewisse Unruhe im Dorf. Auch mit den heutigen Nachrichten im Radio kann niemand so richtig was anfangen.

Verschiedene Radiosender werden abgehört, unterschiedliche Berichte bereits von einigen Leuten in der Gaststube diskutiert.

Es wird von einem Volksaufstand gesprochen, von Streikenden in den Betrieben und Randalierern in einigen Städten unserer Republik.

Vater berichtet, was sich in Roßlauer Betrieben und auf der Straße abspielt.

Die Arbeiter des Elbe-Werkes, der Schiffswerft sowie auch anderer Betriebe haben das Gebäude der Kreisleitung besetzt. Unter lautem Geschrei werfen sie Bilder, Akten, Bücher und andere Gegenstände durch die Fenster auf die Straße.

In Berlin, Halle und anderen Städten, so ist in den Nachrichten zu hören, werden die Demonstranten von sowjetischen Panzern aufgehalten.

Es werden Leute verhaftet.

Von einem Volksaufstand wird in den westdeutschen Sendern gesprochen und amerikanische Flugzeuge versorgen uns weitflächig mit Flugblättern, die zum Sturz der Regierung aufrufen.

Die Norm muss weg, rufen die Streikenden.

Die Arbeiter fühlen sich vom Staat ausgebeutet, wollen mehr Geld und weniger arbeiten.

Da es uns allen doch unbestritten jedes Jahr besser geht, kann ich das alles nicht verstehen.

Was genau und warum das alles passiert ist, erfahren wir erst sehr viel später. Vor allem auch, wer dahintersteckt.

Und es wird noch länger dauern, bis sich jeder dieses Geschehen in seinen Gedanken selbst einordnen kann.

Was des Volkes Hände schaffen, soll des Volkes Eigen sein!

Trotz der vorangegangenen Ereignisse und den wirtschaftlichen Schwierigkeiten werden unsere Fabriken weiter aufgebaut. Arbeitskräfte für die instand gesetzten Produktionsanlagen werden hierfür gesucht und ausgebildet.

So werden aber auch bei den Bauern die Saisonhelfer, die täglich aus der Stadt kommen, immer weniger. Viele Familien, die während des Krieges in den Dörfern Zuflucht fanden, ziehen vom Land in die Städte, dorthin, wo es regelmäßige, aber auch besser bezahlte Arbeit gibt.

Eine Entscheidung, die auch meine Eltern im Sommer 1956 treffen.

Dorthin, wo gebaut wird, Wohnungen entstehen und sich das Leben angenehmer gestalten lässt.

Diese Entwicklung gräbt den Bauern sehr bald sprichwörtlich das Wasser ab.

Sie stehen mit ihren Höfen allein.

Aber auch ihre Kinder, die eigentlichen Nachfolger und Erben, sehen ihre Zukunft in den Städten.

Dazu kommt die Aufgabe, auch der staatliche Druck, die landwirtschaftliche Produktion zu erhöhen, um dem wachsenden Bedarf der Bevölkerung an Grundnahrungsmitteln gerecht zu werden.

Ist das mit der vorhandenen und veralteten Technik zu schaffen? Natürlich nicht!

Es muss also eine geeignete, vor allem aber auch dauerhafte Lösung gefunden werden.

Die Gründung einer Maschinen-Ausleihstation (MAS) war da ein guter, ja sogar vorausschauender Weg.

Für alle umliegenden Gemeinden ist eine solche Station in Dobritz eingerichtet worden.

Die Bauern sind hiermit in der Lage, mit moderner Technik und gleichzeitig weniger Arbeitskräften ihre großen Ackerflächen zu bearbeiten und effektiver zu nutzen.

Dennoch erweisen sich der Aufwand und die Kosten für den einzelnen Bauern als unrentabel.

So hat nicht jeder das Geld, sich die notwendigen Maschinen auszuleihen. Hier entwickelte sich die Zusammenarbeit mehrerer Kleinbauern bei der Nutzung und Auslastung der ausgeliehenen Maschinen zur Bearbeitung ihrer Felder und wurde damit auch für den Einzelnen bezahlbar.

Ich glaube, hier ist die Idee der Industrialisierung der Landwirtschaft, das heißt die Gründung von Genossenschaften, entstanden, die in der damaligen Situation im Übrigen die einzige und beste Alternative bot.

Die großflächige Nutzung landwirtschaftlicher Flächen ist allerdings keine sozialistische Erfindung. Neu ist hier nur die Verteilung des Gewinns.

„Was des Volkes Hände schaffen, soll des Volkes Eigen sein", soll auch für die Landbevölkerung gelten.

Das bedeutet, möglichst viele Bauern für diese Idee zu gewinnen.

So einfach ist das einem Bauern, der sein ganzes Leben auf seinem Hof verbracht hat, nicht zu erklären. Von außen beeinflusst sehen einige Bauern darin sogar eine Enteignung. Erst als ihre Höfe heruntergewirtschaftet und so nicht mehr zu halten waren, erkennen sie im Beitritt zur Genossenschaft die Chance, den Hof, ihre Arbeit und sich selbst als Mitglied ein Mitbestimmungsrecht zu erhalten. Sicher spekulieren einige Bauern nach dem Krieg auf die Übernahme der existenzgefährdeten Höfe, insbesondere aber der Ackerflächen, Wiesen und Wälder. Sie nehmen es dem neu gegründeten Arbeiter- und Bauernstaat lange Zeit übel, durch seinen Einfluss den Ruin der betroffenen Bauern abzuwenden und zeigen es auch auf ihre Art.

Aber an die Stelle des Konkurrenzkampfes tritt im Verlauf die kameradschaftliche Zusammenarbeit und gegenseitige Hilfe, zum Wohle der Gesellschaft und des Einzelnen.

Es ist neu, es klingt hochtrabend, aber es ist das Beste, was die Bauern bisher kannten.

Mein Vater arbeitet bereits seit 1952 in der Fassfabrik in Roßlau.

Das bedeutet für ihn, Tag für Tag, Sommer und Winter mit dem Fahrrad zwölf Kilometer hin und wieder zwölf zurück. Einen Wohnungsantrag hatte er bereits 1948 hier in der Gemeinde gestellt. Doch Wohnungen gibt es keine. Weder hier in Klein-Leitzkau noch in Roßlau.

Acht lange Jahre sind so für ihn vergangen.

Heute kommt Vater strahlend nach Hause und legt uns eine Zuzugsgenehmigung mit einer Wohnungszuweisung auf den Tisch. Endlich eine richtige Wohnung.

Keine langen Wege zur Arbeit, Einkaufsmöglichkeiten und Freizeitangebote, ärztliche Versorgung und andere Vorteile des Stadtlebens.

Wir – inzwischen sind wir vier Geschwister – sind alle sehr gespannt.

Für mich bedeutet das auch eine neue Schule, neuer Lehrer, neue Freunde und eine Umgebung, die mir fremd ist.

Der Umzug erfolgt wie geplant in den Sommerferien 1956.

Die Kleintierhaltung hier im Dorf wird zuvor bis auf ein paar Hühner und einige Kaninchen reduziert. Den Kleingarten gibt mein Vater bereits vor der Frühjahrsbestellung ab. Auch sonst werden alle notwendigen Vorbereitungen getroffen. Für den Umzug genügt dann auch ein offener LKW mit Anhänger. Schnell ist alles verladen, was auf dem Hof bereits zurechtgelegt wurde. Möbel brauchen wir keine mitnehmen, denn die wenigen, die wir hier nutzen konnten, gehören uns nicht und können in den Räumen verbleiben.

Mein Bruder und ich kennen die Strecke nach Roßlau bereits und fahren mit unseren Fahrrädern voraus.

Als wir unsere neue Wohnung sehen, hält sich unsere Freude jedoch in Grenzen. Die Wohnung befindet sich in der Villa des ehemaligen Besitzers der Fassfabrik. Vor der Villa sind große Grünflächen, dahinter die Produktionshallen.

In der Villa wohnen fünf Familien. Für drei Familien gibt es nur eine Toilette im Eingangsbereich. Wasseranschluss gibt es in einem Nebenraum außerhalb unserer Wohnung und in der Küche steht wieder nur ein Kohleherd. Aber die Wohnung ist trocken und im Winter wird sie mit einer Zentralheizung vom Betrieb aus beheizt. Für diese ca. 70 m² große Wohnung bezahlen meine Eltern 27,– Mark Miete incl. aller Nebenkosten.

Nach genauer Abwägung ist diese Wohnung natürlich um sehr vieles besser als das, was wir bisher kannten. Ganz so leicht fällt es uns trotzdem nicht, die vergangenen elf Jahre zu vergessen. In den nachfolgenden Ferien fahren wir noch oft nach Klein-Leitzkau, besuchen unsere Freunde und stellen fest, dass sich auch hier ständig etwas verändert.

Aber auch in unserer neuen Umgebung haben wir uns schnell eingelebt.

Mit dem Fahrrad fahre ich oft durch die Stadt, fahre über die Elbwiesen am Elbufer entlang, beobachte die Lastkähne, Raddampfer und Wassersportler. Die näheren Städte wie Dessau und Zerbst sind ebenfalls Ziel meiner Erkundungstouren. Diese beiden Städte kenne ich auch schon von früheren Klassenfahrten.

Auferstanden aus Ruinen!

Ich erinnere mich noch sehr gut an die vielen Trümmer im Zentrum dieser Städte und an die damals oft noch unpassierbaren Straßen. Heute, nach elf Jahren seit der Zerstörung, sind die Trümmerberge weggeräumt, die Straßen befahrbar und die meisten Ruinen beseitigt. An gleicher Stelle sehe ich heute neue Häuser, Schulen, Kindergärten, Sport- und Parkanlagen. Errichtet in mühevoller Arbeit aus den Steinen der riesigen Trümmerberge.

Bilder, die mich beeindrucken, die mich ein neues Leben spüren lassen. Ein Leben, das ich aus meiner früheren Kindheit nicht kenne.

Krieg, Tränen und Hunger sind Gedanken, die noch in meinem Kopf lebendig sind.

Sie lassen sich nicht verdrängen, zwingen immer wieder zum Nachdenken.

Unverkennbar und auch unbestritten ist hier aus der Not heraus auch ohne großzügige Hilfe von außen Neues entstanden. Eine Leistung, die Anerkennung verdient!

Die Zeit für meine Berufswahl rückt nun näher.

Einen bestimmten Berufswunsch habe ich nicht. Ich werde mich aber für einen großen Betrieb entscheiden, mit einer eigenen Berufsausbildung, einem Lehrlingswohnheim und einem großzügigen Angebot an Freizeitgestaltung.

In einem Artikel der „Freiheit", unserer Tageszeitung, wird über die Arbeit der Bergleute im Kupferbergbau des Mansfelder Landes berichtet. Über schwere körperliche Arbeit, aber auch über die Notwendigkeit dieses Bergbauzweiges und den hierfür gezahlten Lohn konnte ich in dieser Zeitung Näheres erfahren.

Meine Entscheidung steht fest.

Zusammen mit meinem Vater fahre ich mit den Bewerbungsunterlagen unterm Arm und voller Erwartungen nach Eisleben.

Die Betriebsberufsschule des VEB Mansfeld Kombinat „Wilhelm Pieck" befindet sich in der Querfurter Straße, nur knapp zehn Minuten vom Bahnhof entfernt.

Ein aus mehreren neu errichteten großen Wohnblöcken bestehender Komplex ist bereits von der Straße aus zu sehen. Ein Fußweg führt über eine gepflegte Grünfläche direkt zum Verwaltungs- und Sozialgebäude. Breite Treppenstufen führen in das Foyer. Ein lebensgroßer, aus Kupfer gegossener Kumpel steht auf einem Sockel. „Ich bin Bergmann, wer ist mehr?", lautet eine Inschrift. Dieses Denkmal erkenne ich aus der Zeitung.

Ein wenig stolz macht mich das schon, mich in Gedanken bereits als Bergmann zu sehen. Natürlich erinnert mich das auch an den Steinkohlehauer Adolf Hennecke. Er überbot in einer gut organisierten Arbeitsleistung die bestehende Norm um ein Mehrfaches.

Vom Westen wurde diese Aktion verspottet und verleumdet und auch von vielen Menschen bei uns noch nicht verstanden.

Doch ein schöneres, leichteres Leben ohne eine entsprechende Leistung wird es weder heute noch zu irgendeiner Zeit geben.

Sozialismus heißt nicht „Schlaraffenland".

Es gilt auch hier wie überall die Regel „ohne Fleiß kein Preis".

Zum Kultur- und Speisesaal führen hinter dem Kumpel noch einmal ein paar breite Stufen hinauf. Durch große Flügeltüren betreten wir den Saal, der auf beiden Seiten mit Tisch- und Stuhlreihen versehen ist. Gegenüber dem Saaleingang befindet sich eine große Bühne. Hinter der Bühne befindet sich der Essenausgabebereich und eine Großküche.

Dieses große Objekt der Berufsschule mit den naheliegenden Unterkünften und angrenzendem Sportplatz ist sehr beeindruckend.

Meine Erwartungen werden hier weit übertroffen.

Im Sekretariat werden wir bereits erwartet.

Das Einstellungsgespräch dauert etwa eine halbe Stunde. In Begleitung eines Mitarbeiters werden uns dann die Wohnunterkünfte für das erste, zweite und dritte Lehrjahr gezeigt.

Es sind, wie bereits erwähnt, große dreigeschossige Wohnblöcke. Hinter diesen Wohnblöcken befinden sich eine Turnhalle und ein großer Sportplatz. Zum Abschluss des Vorstellungsgespräches und der Besichtigung des Berufsschulkomplexes werde ich meinem künftigen Betreuer vorgestellt, der mir ausführlich den Tagesablauf erklärt und auch ein Informationsblatt für alle Freizeitangebote aushändigt.

Die Zeit bis zur Rückfahrt nach Roßlau war eigentlich viel zu kurz, um näher auf das künftige Leben im Lehrlingswohnheim einzugehen. Bis zum Antritt der Lehre vergehen die Tage dann sehr schnell. Alles muss vorbereitet, der Koffer gepackt und vieles noch einmal besprochen werden.

Mit Fleiß arbeiten, mit Freude lernen, in Frieden leben!

Am ersten September 1957 fahre ich dann voller Neugier und natürlich auch sehr aufgeregt mit dem Zug von Roßlau bis zur vereinbarten Sammelstelle nach Halle. Hier auf dem Bahnsteig acht werden alle neuen Lehrlinge von ihren Betreuern bereits erwartet. Es ist hier ein Sonderzug bereitgestellt, in dem auch die Lehrlinge des zweiten und dritten Lehrjahres mitfahren. So treffen sich jedes Jahr zu Beginn des Lehrjahres über dreihundert Lehrlinge, um von Halle mit diesem Zug nach Eisleben zu fahren.

In Eisleben werden wir dann von der Bergmannskapelle der Berufsschule mit dem Bergmannslied „Glück auf, Glück auf" begrüßt. Alle Lehrlinge steigen hier aus und gehen dann geschlossen hinter der Kapelle zum Komplex der Ausbildungsstätte. Nach einer kurzen Begrüßung durch den Direktor der Schule werden wir klassenweise in unsere Wohnbereiche eingewiesen. Jeder von uns neuen Lehrlingen bekommt in einem Vierbettzimmer seinen Platz.

Das Einräumen der persönlichen Sachen ist dann verhältnismäßig schnell erledigt und das sich gegenseitig Vorstellen eine reine Formsache. Die meisten von uns Neuen nutzen nach dem Abendessen noch die Gelegenheit die Stadt oder die nähere Umgebung zu erkunden.

Auch ich habe im Zug bereits einige Kumpels kennengelernt und so ist die Truppe für den ersten Erkundungsgang schnell beisammen.

Der Weg bis zum Stadtzentrum führt durch den Stadtpark. Eisleben ist eine sehr interessante und geschichtsträchtige Stadt. Sie wurde durch Martin Luther bekannt und durch den Bergbau geprägt. Auch der Kampf der Arbeiterklasse gegen ihre Ausbeuter hatte hier sehr großen Einfluss auf die Entwicklung des Mansfelder Landes. Hier sind besonders Ernst Thälmann und der Sportler Werner Seelenbinder zu erwähnen.

Wir erreichen die Hauptsraße, von der aus wir in alle für uns interessanten Richtungen gehen können. Schaufenster, das Freibad und die beiden Kinos, von denen uns bereits berichtet wurde, sind unser Ziel.

Die Stadt mit ihren Freizeitangeboten ist aber nur ein Teil dessen, was wir nutzen können.

1. Mai 1959 in Eisleben, Seesportler der GST

An einer großen Wandzeitung in der BBS (Betriebsberufsschule) werden viele weitere Angebote für die Gestaltung unserer Freizeit vorgestellt.

Viele Richtungen der kulturellen und sportlichen Betätigung stehen zur Auswahl, genauso wie die Teilnahme in den Sektionen der GST (Gesellschaft für Sport und Technik). Wir können also ungezwungen ausprobieren, wo sich unsere Talente verbergen.

Den GST Seesport finde ich für mich sehr interessant und herausfordernd. Da wir Neuen uns inzwischen kennengelernt haben und auch schon Kontakte zu den Zwei- und Dreijahresschülern hatten, sahen wir uns beim ersten Treffen bereits im bekannten Umfeld.

Unser Seesport-Stützpunkt befindet sich am „Süßen See" bei Seeburg.

Jedes Wochenende verbringen wir dort mit unserer Ausbildung. Wie das Rudern und Segeln, so gehören auch das üben der Flaggen- und Morsezeichen, der Umgang mit Karte und Kompass, das Üben der verschiedenen Seemannsknoten und natürlich die Kommandos der Bootsanlege- und Ablegemanöver zum Pflichtprogramm.

Zur Ausrüstung unseres Stützpunktes gehören mehrere Segelkutter und Dingis. Der Mannschaftsbungalow ist mit Schlafräumen sowie mit allen notwendigen Gemeinschaftsräumen und einer großen Terrasse ausgestattet. Vom Bootsschuppen aus erreichen wir den Bootssteg.

Die Ausbildung ist so vielseitig und interessant, wie man es sich besser nicht wünschen kann.

Aber auch eine hohe Anforderung an Disziplin und Kameradschaft wird hier vorausgesetzt.

Dass wir von einem erfahrenen ehemaligen Marineoffizier der NVA trainiert werden, zeigt sich durch Erfolge bei den jährlichen Seesport-Wettkämpfen, die dann in verschiedenen Orten der DDR ausgetragen werden. Oft können wir uns unter den ersten Plätzen behaupten und sind natürlich mächtig stolz auf jeden errungenen Pokal.

Der berufliche Alltag, wenn man das schon während des ersten Lehrjahres so bezeichnen kann, verläuft nach festgelegtem Plan.

Einigen, auch aus unserer Klasse, vor allem denen, die von zu Hause etwas verwöhnt wurden, fällt es sichtlich schwer, sich daran zu halten. Doch in einer kameradschaftlichen Gemeinschaft wie der der Bergleute kann es keine Einzelgänger geben. Eine Regel, die wir sehr bald begreifen. Ein Kumpel kann sich nur der nennen, der auch einer ist.

So zieht also jeder mit.
Um fünf Uhr Wecken, Waschen, Frühstücken. Drei Mal pro Woche theoretischer Unterricht, zwei Tage praktische Ausbildung in der Werkstatt.

Das bedeutet, sechs Monate Schlosserei und Schmiede und sechs Monate Tischlerei und Zimmerei. Dazwischen einige Exkursionen, um auch mal die Arbeit unter Tage kennenzulernen. Am Ende des Jahres sitzt alles, das erste Lehrjahr ist geschafft. Jetzt geht es erst mal für drei Wochen in ein Ferienlager nach Zella-Mehlis.

Ein wenig anders sieht es dann im zweiten Lehrjahr aus.

In der Nähe der Lutherstadt Eisleben befindet sich der „Fortschrittschacht II", es ist eine Schachtanlage für unsere Lehrlingsausbildung vor Ort.

Vom Gelände der Berufsschule werden wir dreimal pro Woche mit Bussen zur Schachtanlage gefahren. Nach dem Umkleiden in der Kaue nehmen wir unsere Grubenlampen in Empfang, füllen unsere Aluflaschen mit heißem Tee und begeben uns zum Förderkorb.

Die Einfahrt dauert rund zwei Minuten, dann befinden wir uns fast eintausend Meter unter der Erde. In der entsprechenden Sohle angekommen, fahren wir dann noch zwanzig Minuten mit einer Grubenbahn bis in die Nähe unseres Strebes. Die restliche Strecke wird dann zu Fuß zurückgelegt. Unter praxisnahen Bedingungen können wir hier die Arbeit unter Tage kennenlernen. Das bedeutet, wir arbeiten in Streben mit einer lichten Höhe von rund achtzig Zentimetern. Ungewohnt schwer ist natürlich auch die Arbeit mit dem Abbauhammer und dem Bohrhammer. Aber auch die anderen Arbeiten sind bei einer Temperatur von rund dreißig Grad nicht so leicht wegzustecken. Um an das Kupferschiefer zu gelangen, müssen erst einmal mehrere Kubikmeter „taubes Gestein", das von den Sprengmeistern zuvor herausgesprengt wurde, beräumt werden. Es wird zum größten Teil als Versatz in den hinteren Teil des Strebes verbracht. Der verbleibende Rest wird dann in Hunte geschaufelt, in Loren verkippt, in Zügen zusammengestellt und so aus dem Schacht befördert. Im sogenannten Kläuberstall wird dieses Gestein noch einmal durchsucht und das unverwertbare Gestein dann mit einer Seilbahn zur Halde gezogen.

Ist der Streb freigeschaufelt, wird er umgehend mit Stempeln abgesichert. Erst dann kann mit dem Abbau des Kupferschiefers begonnen werden.

Vor Ende der Schicht müssen die Bohrlöcher für die nächste Sprengung vorbereitet werden.

Ein mühseliger Aufwand und eine schwere, auch gefährliche Arbeit, aber sicher notwendig.

Feierabend ist dann, wenn alle Arbeitsgeräte aus dem Streb geräumt sind.

Das erste Halbjahr ist bald geschafft und die Arbeit unter Tage wird langsam zur Routine.

Im zweiten Halbjahr dieses Lehrjahres wird bereits eine bestimmte Leistung erwartet.

Brigaden, die eine festgelegte Norm überbieten, bekommen als Anerkennung besondere Wertgutscheine, die dann am Monatsende in Warenartikel umgetauscht werden können.

Für die meisten von uns ist das natürlich eine willkommene Aufstockung unseres Lehrlingsgeldes und verfehlt als Ansporn auch nicht seine Wirkung.

Das ökonomische System der leistungsgerechten Entlohnung haben hier wohl auch diejenigen begriffen, die sich von zu Hause aus bereits alle Wünsche erfüllen konnten.

Leider gibt es aber auch negative Erscheinungen, nämlich solche, die ihre erworbenen Gutscheine in Geld und anschließend in Alkohol und Zigaretten umsetzen und damit auch dem guten Ruf der Berufsschule schaden. Ja genau! Es sind Typen, deren Vorbilder in den westlichen Medien zu suchen sind. Typen, die mit ihren Westklamotten prahlen und den Sozialismus scheiße finden. In diesem Alter kann das doch nicht aus eigener Lebenserfahrung hervorgehen. Es ist kein Zufall und auch kein Blödsinn. Nein! Und ich bin auch nicht in der FDJ, um hier gleich mal einem Vorurteil vorzubeugen. Aber sicher ist meine Einstellung zu diesen Dingen dem Umstand zu verdanken, dass meine Eltern und auch meine Vorfahren zu keiner Zeit besser leben konnten als heute in diesem Staat.

Als Gleichaltrige erleben wir ständig selbst die Wirkung und den Einfluss der westlichen Medien, die Wirkung der abfälligen Äußerungen „kontaktfreudiger Besucher" und die versteckten Hinweise in Westpaketen. Doch für die Arbeit unter Tage ist dieser Egoismus nicht zu akzeptieren.

Nicht durch Verachtung und Ausgrenzung, sondern durch stärkere Einbeziehung in die uns gestellten Aufgaben und selbst gesteckten Ziele wird in den meisten Fällen ein Umdenken spürbar. Die Arbeit macht uns sichtlich Spaß und die uns gestellten Aufgaben sehen wir täglich eine neue Herausforderung.

Aber auch die Freizeitgestaltung kommt nicht zu kurz.

Es gibt wohl kaum jemanden unter uns, der sich nicht inzwischen ein geeignetes Hobby zugelegt hat. Einige Kumpels haben sogar mehrere Hobbys und bringen auch diese noch unter einen Hut. Durchaus erwähnenswert und für andere „freiheitliche" Gesellschaftssysteme nicht selbstverständlich, ist das kostenlose Angebot und die Nutzung aller Sport- und Kulturstätten.

Des Weiteren die kostenlose Bereitstellung und Nutzung von Sportgeräten, Musikinstrumenten, Büchern, Verbrauchsmaterial für die künstlerische Tätigkeit bis hin zur medizinischen Betreuung.

Das alles ist nicht selbstverständlich, kostet den Staat viel Geld und muss auch erst erarbeitet werden.

So weit sollte man auch als Sechzehnjähriger doch schon denken. Oder?

Die meisten von uns denken auch so und sie handeln danach.

Wir spüren aber auch hier den Einfluss der westdeutschen und amerikanischen Propaganda.

Ständig wird auf eine plumpe und verachtende Art einfach alles schlechtgeredet, was uns durch eigener Hände Arbeit das Leben schöner und leichter macht.

Betriebe oder Anlagen, die wir uns mühselig und oft aus Trümmern wieder nutzbar gemacht haben, wurden Ziel von Sabotageakten.

Gute Wissenschaftler, Künstler, Sportler und andere für den Westen interessante Personen werden mit scheinbar verlockenden Angeboten abgeworben. Es sind Leute, die nicht vergessen sollten, dass sie hier kostenlos studieren konnten sowie ihr praktisches Wissen in unseren Betrieben erworben haben, dass sie auch allein hinsichtlich ihrer erworbenen Kenntnisse und der genutzten staatlichen Leistungen nicht nur Rechte haben, sondern den Menschen, die ihnen dieses ermöglichten, verpflichtet sind.

Diese und ähnliche Gedanken gehen mir oft durch den Kopf, werden mit anderen gegensätzlichen Informationen aus westlichen Medien konfrontiert.

Die Erkenntnisse daraus und aus vielen weiteren persönlichen Erlebnissen werden sicher meine Einstellung zur politischen Situation in der Welt prägen.

Große Worte, aber keines übertrieben.

Im Juli 1959 ist das zweite Lehrjahr beendet.

Zu meinem ersten Hobby, dem Seesport, kommt inzwischen ein zweites.

Angeregt durch die großen Erfolge unserer Radsportler, und hier ganz besonders des mehrfachen Siegers der Friedensfahrt und Rad-Weltmeisters Gustav Adolf Schur (Täve), kann mir selbst der Preis für ein richtiges Rennrad den Traum nicht vermiesen, ein Radsportler zu werden.

Dieser Sport macht mir sehr viel Spaß und hat noch den Nebeneffekt, dass ich auf diese Weise, während meines Trainings weite Teile des Mansfelder Landes kennenlerne.

Zeitlich lassen sich beide Hobbys gut unter einen Hut bringen.

Gerne hätte ich auch an den vielen interessanten Veranstaltungen, Jugendtreffen und Arbeitseinsätzen der FDJ teilgenommen, doch solche Aktivitäten waren vorrangig den Mitgliedern dieser Jugendorganisation vorbehalten.

In das nun heranrückende dritte Lehrjahr gehe ich mit besonderen Erwartungen und Gefühlen.

Einerseits wegen der Aussicht, als Junghauer bald richtig Geld zu verdienen und dann als Erwachsener auf eigenen Füßen zu stehen, andererseits mit dem Gedanken, das bisher umsorgte Leben aufgeben zu müssen. Doch auch auf diese Situation werden wir im Verlauf des dritten Lehrjahres gut vorbereitet.

Gleich zu Beginn des Lehrjahres erfolgt eine Aufteilung der Klassen in die Produktionsbrigaden des „Fortschritt Schacht I". Das bedeutet für uns, dass hier die gleiche Arbeit unter den gleichen Bedingungen zu leisten ist, wie sie auch von den Kumpeln der Brigaden erwartet wird.

Dafür gibt es natürlich auch die entsprechende Entlohnung und den gleichen Anteil an den Prämien, die bei überdurchschnittlich guten Leistungen an die Brigaden ausgezahlt werden.

So sind wir als Lehrlinge eines Bergbaubetriebes finanziell in einer besonders guten Situation.

Doch selbst unter dem Blickwinkel des zu erwartenden Lebensstandards nach der Berufsausbildung haben schon einige Lehrlinge unseres Lehrjahres beschlossen, den Bergmannsberuf wegen der hohen körperlichen Belastung nach Abschluss der Lehre wieder aufzugeben. Das ist natürlich für alle in vielerlei Hinsicht eine Entscheidung, die zu akzeptieren ist. Während des dritten Lehrjahres erfolgte auch ein zeitweiser Einsatz im bereits beschriebenen Kläuberstall. Kleine Kabinen, in denen das noch vorhandene taube Gestein mit einem Hammerschlag vom Kupferschiefer getrennt wird. Es ist eine aufwendige, eintönige, aber eben notwendige Arbeit. Interessant ist hier das Durchsichten des Kupferschiefers nach fossilen Abdrücken, eine Hobbybeschäftigung, die den Produktionsablauf verständlicherweise nicht beeinträchtigen darf.

Zu beneiden sind die Arbeiter – es waren meistens Frauen – um diese Arbeit nicht, vor allem nicht in den Wintermonaten. In den offenen, zugigen Kabinen kann man sich selbst bei ständiger Bewegung und in entsprechender Bekleidung nicht warm halten.

Ein Glück für uns, dass der Einsatz hier ab Oktober beendet ist.

Seit November arbeiten wir nun wieder unter Tage. Bei dreißig Grad gleichbleibender Temperatur, Staub und schwerer Arbeit kommen wir wieder richtig ins Schwitzen. Doch diese Arbeit gefällt uns besser. Gearbeitet wird, wie das die Brigaden auch müssen, im Dreischichtsystem. Anfangs zwar ungewohnt und von der schweren Arbeit geschafft, werden die körperlich anstrengenden Freizeitaktivitäten natürlich etwas zurückgesetzt. Aber was meine Hobbys betrifft, ist hier ohnehin eine Winterpause angesagt.

Es bleibt mir nun viel Zeit fürs Kino, aber vor allem für meine Bücher, die ich seit dem zweiten Lehrjahr im Abo beziehe und die sich teilweise ungelesen bereits stapeln.

Mein besonderes Interesse gilt den Tatsachenberichten, Sachbüchern und Publikationen aus der Vergangenheit, deren voraussagenden Inhalt ich mit dem bisher Erlebten vergleichen kann.

So kann ich bereits als Siebzehnjähriger sehr genau meine Position bestimmen, eine Position, die ich an jeder Stelle vertreten und verteidigen kann und es auch tue. Nicht immer mit Erfolg und nicht immer zu meinem Vorteil, doch damit kann ich leben. Eines aber ist unbestritten!

Es gibt heute keine sozialen Schranken mehr, die der Entwicklung der Jugend entgegenstehen, und das Bildungsprivileg der einst Besitzenden ist beseitigt.

Die Generation vor uns hat dafür den Weg geebnet? Nein, nicht ganz! Ihnen wurde dieser Weg angeboten, sie mussten ihn nur annehmen.

Nun liegt es an uns, diesen Weg weiterzugehen, aber auch Hindernisse zu überwinden.

In die Schranken wird allerdings derjenige verwiesen, der glaubt, auf diesem noch unebenen Weg die sozialen Vorteile nutzen zu können, um sich nach der Ausbildung oder dem Studium genau gegen dieses System zu stellen.

Da beschließt z. B. die FDJ-Leitung nach einer gemeinsamen Absprache mit ihren Mitgliedern einen Arbeitseinsatz durchzuführen. Die meisten erklären sich bereit, daran teilzunehmen. Von einigen Jugendlichen weiß ich, dass sie nur der vermeintlichen Vorteile wegen in der FDJ sind, sich aber im Kreise Gleichgesinnter abfällig über die sozialistische Erziehung der Jugend äußern. „Der RIAS" lässt grüßen!

Ich denke, dass es in Deutschland noch nichts Besseres gegeben hat als diesen sozialistischen Staat. Das höre und lese ich aus der Geschichte und beurteile es aus eigenem Erleben.

Ich will pflichtbewusst handeln, aber es wird und soll immer nur Ausdruck meiner inneren Überzeugung sein. Die Rolle des Mitläufers liegt mir nicht. Das heißt, dem Grundgedanken der Jugendorganisation stehe ich durchaus positiv gegenüber.

In allen sozialen Gemeinschaften gibt es Regeln, an die man sich halten muss.

Mit dieser Einstellung und einer Abschluss-Rudertour des Seesports auf der Elbe von Dessau bis nach Magdeburg und dann weiter auf dem Elbe-Hafel-Kanal bis nach Plau am See geht nun auch das dritte Lehrjahr zu Ende.

Meinen ersten richtigen Arbeitsvertrag bekomme ich heute.

Mit Arbeitsbeginn zum ersten September 1960 gehöre ich zu den Kumpeln der neuen Schachtanlage in Niederröblingen.

Kennengelernt habe ich diese Schachtanlage bereits als Lehrling während einer Exkursion.

Zusammen mit einem anderen ehemaligen Lehrling kann ich im betriebseigenen Arbeiterwohnheim in Helbra ein Zimmer beziehen.

Küche, Bad und Klubraum sind Gemeinschaftseinrichtungen des Traktes.

Der gesamte Komplex besteht aus fünf Baracken.

Ich muss gestehen, es gibt bessere Arbeiterwohnunterkünfte. Aber es ist schließlich nicht für die Ewigkeit gedacht. Kaffee oder Tee gibt es für alle Bewohner gratis und für andere Lebensmittel hat jeder ein verschließbares Kühlfach in der Gemeinschaftsküche.

Die Mittagsmahlzeiten werden ohnehin im Speisesaal der Schachtanlage eingenommen.

Hier gibt es ein sehr gutes und reichhaltiges Angebot bereits ab fünfzig Pfennig.

Um die An- und Abfahrt von der Unterkunft zur Arbeitsstelle müssen wir uns nicht sorgen, denn hierfür wird für jede Schicht ein Zubringerbus eingesetzt.

Dank der günstigen Preise für die Unterkunft, sonstige Lebenshaltungskosten und Kosten für die öffentlichen Verkehrsmittel bleibt mir monatlich noch eine ansehnliche Summe auf meinem

Konto. In kurzer Zeit ist so das Geld für den ersten Urlaub angespart. Ferienlager aus der Zeit meiner Kindheit und aus meiner Lehrzeit habe ich bereits kennengelernt. So schön und erlebnisreich sie auch waren, jetzt will ich mir mal etwas gönnen, was in meinem Alter noch nicht für jeden so selbstverständlich ist. Ein Silvester-Wochenende 1960 in Prag sollte es sein. Für mich ein Erlebnis, an das ich mich sicher noch oft erinnern werde. Mit dem Bus geht die Reise von Eisleben über Bad-Schandau bis nach Prag. Die Tage vor der Silvesterfeier nutzen wir in der Reisegruppe für die Besichtigung einiger bedeutender Bauwerke und Museen.

Einkaufsbummel und Stadtbesichtigungen unternehmen wir getrennt von der Reisegruppe.

Natürlich haben wir uns, wie auch andere Touristen, in der Stadt verlaufen und mussten nun sehen, wie wir uns mit unseren Sprachkenntnissen behelfen können. Unsere bescheidenen Russischkenntnisse halfen hier aber sehr gut weiter. Aber in Prag, so konnten wir bald feststellen, ist die Verständigung auch ohne die russische Sprache kein so großes Problem, denn deutsch wird hier noch sehr gut verstanden.

Von der Silvesterfeier im Hotel bin ich allerdings sehr enttäuscht.

Bis null Uhr geht alles fröhlich und in bester Laune über die Bühne. Danach aber klettern einige Tschechen auf die Tische und singen Nazilieder, und das auch in deutscher Sprache.

Die Reaktion unserer Reisegruppe und auch anderer deutscher Touristen ist sehr gemischt.

Für die meisten ist an dieser Stelle die Feier beendet, sie gehen auf ihre Zimmer.

Während der ganzen übrigen Zeit wird kein Wort darüber gesprochen, so als hätte es dieses Ereignis nie gegeben. Die Frage nach dem „Warum" bleibt offen. Es ist auch richtig, auf diese Provokation, und das sollte es sicher auch sein, nicht übermäßig zu reagieren. Schließlich hat man uns nicht zu politischen Gesprächen eingeladen.

Trotz der reichhaltigen Angebote der Reisebüros der DDR, der Jugendreisebüros der FDJ, des Campingwesens und anderer Einrichtungen ist mir ein Urlaub im Ausland so schnell nicht wieder einzureden. Lieber trage ich mein Geld nach Eisleben zum Wiesenmarkt oder nutze die in der DDR angebotenen Urlaubseinrichtungen des FDGB.

Hier habe ich eine reiche Auswahl gut ausgestatteter Ferienheime in den besten Erholungsgebieten unseres Landes, kann mich überall verständigen und genieße diese Urlaubsangebote zu einem äußerst günstigen Preis, einem Preis, den sich jeder und jede Familie leisten kann. Seit Jahrzehnten stabil und nach sozialen Aspekten gestaffelt, trägt jeder Urlauber im Durchschnitt nur ein Drittel der tatsächlichen Kosten. Das erklärt auch die große Nachfrage und das hieraus erforderliche Antragsverfahren für so einen Ferienplatz. Die Familienerholung steht dabei immer im Vordergrund.

Die täglichen Erfahrungen zeigen uns, dass es lohnenswert ist, sich täglich für höhere Leistungen zu engagieren denn letzten Endes kommen die Ergebnisse unserer Arbeit nur uns selbst zugute.

Luxushotels kann es für diesen Preis natürlich nicht geben. Doch wer das Geld hat – woher auch immer –, wird auch diesbezüglich seinen Platz finden.

Meine Entscheidung!

Ich musste als Kind erleben, was es bedeutet, arm zu sein, Hunger zu haben und im Winter zu frieren. Ich habe gesehen, was es für meine Eltern bedeutet, sich aus dem Nichts ein neues Leben aufzubauen. Viele Entbehrungen mussten hingenommen werden. Ich hatte begriffen, wem wir dieses Leben in dieser zerstörten Welt zu verdanken haben.

Aber ich habe auch gespürt, dass jeder Tag, jeder Monat und jedes Jahr uns neue Hoffnung gab, und ich wusste bereits als Kind, dass wir uns dieses bessere Leben nur in einer friedlichen Welt aufbauen können.

Diese Welt würden uns aber nicht jene Leute geben, denen wir dieses Elend zu verdanken hatten, die am Krieg verdient und einzig hierfür das Leben vieler Millionen Menschen auf dem Gewissen haben.

Nur wer das alles erlebt hat, kann für sich entscheiden, was in der Politik gut und böse ist, wer es ehrlich meint und wem man vertrauen kann.

Kann man denn solchen Leuten vertrauen, die seit 1949 als bezahlte Vertreter des Monopolkapitals bereits zur Zeit des Faschismus die Geschäfte des deutschen Imperialismus treu besorgt haben?

Für mich eindeutig – nein!

Heute nicht und zu keiner Zeit.

Mein Vertrauen galt den 192 Industriearbeitern, 95 Landarbeitern und Bauern, 91 Vertretern der Intelligenz, 51 Angestellten, 25 Handwerkern und Gewerbetreibenden, die als vom Volk gewählte Abgeordnete auch die Interessen des Volkes vertreten haben.

Es sind Menschen, die niemals je an einem Krieg verdienen können, die niemals andere Länder überfallen, um sich deren

Bodenschätze und Absatzmärkte zu erobern, es sind Menschen, welche die Grenzen anderer Länder respektieren, ihre Kultur achten und fairen Handel betreiben wollen.

Unter Missbrauch der offenen Grenzen gegenüber Westberlin haben die imperialistischen Kräfte, denen unser Staat ein Dorn im Auge war, unserer Republik durch Währungsspekulation, ökonomische Wühlarbeit und organisierte Abwerbung von Fachkräften einen Schaden von etwa 30 Milliarden Mark zugefügt. Hiermit wurden der DDR z. B. im Zeitraum von 1950 bis 1960 Werte in der Summe der Warenmenge entwendet, die Bürger der DDR durchschnittlich in einem Jahr kauften.

Hunderte ähnlicher Beispiele können auch hier noch genannt werden.

Eine entscheidende Lehre der Geschichte der Arbeiterklasse konnte nur darin bestehen, dass sie sich gegen jegliche Pläne der Militaristen, den friedlichen Aufbau unseres sozialistischen Staates zu stören, schützen muss.

Dazu wurde in der DDR die Nationale Volksarmee geschaffen.

Eine Armee, die nicht für ausbeuterische kapitalistische Interessen verheizt wird, und die nicht der Rohstoffe und Absatzmärkte wegen andere friedliche Völker überfällt.

Hinsichtlich dieser Kenntnisse und dem Vergleich aus selbst Erlebtem kann es für mich nur eine Entscheidung geben.

Nicht Schlesien ist meine Heimat, sondern das Land, in dem ich aufgewachsen bin.

Ein Land, in dem ich nicht ausgebeutet werde, ein Land, in dem ich mir auch künftig ein friedliches Leben gestalten kann.

Ein Land, wie es die DDR ist!

Diese Heimat notfalls mit der Waffe in der Hand zu verteidigen ist eine Pflicht und eine Ehre.

So müssen es wohl auch viele meiner Kollegen und Freunde gesehen haben, denn als Freiwillige im Dienst der Nationalen Volksarmee sehen wir uns bei vielen Gelegenheiten wieder.

Meine Dienstzeit begann im April 1961 im Artillerieregiment in Prora auf der Insel Rügen.

Dieses Objekt, ursprünglich für den Küstenschutz von den Nazis errichtet und als Ferienobjekt „Kraft durch Freude" getarnt, liegt zwischen Binz und Saßnitz direkt am Ostseestrand.

Ausgestattet mit einem Kinosaal, einer großen Turnhalle, einer Gaststätte, einem Sportplatz und einer Verkaufseinrichtung für Lebensmittel und Dinge des täglichen Bedarfs bot sich dieser Standort von allen mir bekannten als Volltreffer.

Der Dienst ist wie vermutlich in allen militärischen Einheiten kein Spiel und verleitet auch nicht unbedingt dazu, zum Lebensinhalt zu werden.

Umso größer ist dann auch die Freude auf den Dienstschluss und auf die Wochenenden.

Dünen, weißer Sand und die Weite der Ostsee bieten die beste Entschädigung.

Aufgrund der hier gebotenen Freizeitmöglichkeiten können wir uns den Stress für einen Ausgang in die nahegelegenen Ortschaften eigentlich ersparen.

Das Verhältnis zu den meisten Vorgesetzten ist dem jeweiligen Dienstgrad entsprechend kameradschaftlich bis distanziert, jedoch immer offen für Themen und Probleme selbst bis in den privaten Bereich.

Dieses vertrauenswürdige und offene Verhältnis wird besonders in der Krisensituation am 13. August 1961 während unseres Einsatzes im Raum Berlin deutlich.

Logischerweise ist auch dieser Einsatz nicht angekündigt. Er beginnt mit einem Alarm, der eigentlich jeder Übung vorausging, für uns also nichts Besonderes.

Ungewöhnlich jedoch ist, es erfolgt dann die Beladung unserer LKWs.

Nicht wie bei anderen Manövern mit Übungsmunition, sondern mit scharfer Munition und in ungewöhnlich großen Mengen werden wir unsere Fahrzeuge beladen.

Hier ahnen wir bereits die Ernsthaftigkeit unseres Einsatzes. Den wahren Grund erfahren wir dann im vorgegebenen Sammelraum unserer Einheit.

Über den Sinn in Berlin eine Mauer zu errichten, lässt sich streiten und es wird auch gestritten und diskutiert. Einen Krieg im Atomzeitalter könnte sie ohnehin nicht verhindern. Die Grenze zu einem friedlichen Staat hätte so gesehen auch ein kleiner Jägerzaun oder eine grüne Hecke symbolisieren können. Doch die Situation sieht nun mal anders aus.

In kurzen Gesprächen und konkreten Anweisungen werden wir über den Ernst der Lage und über die uns übertragenen Aufgaben informiert. Alle anderen Handlungen verlaufen dann wie zigmal geübt, aber mit einer inneren Anspannung, die wir bisher nicht kannten.

Eine ähnliche Situation erleben wir während der Kuba-Krise.

An Eskalationen und Provokationen hat es dank der CIA und ihrer Gleichgesinnten in diesen Jahren wirklich nicht gefehlt. Aber auch oder gerade deshalb gab die subversive Tätigkeit der amerikanischen Hetzsender „Freies Europa", der RIAS und vieler anderer, die allesamt der „Stimme Amerikas" angehörten, besonderen Anlass zur Wachsamkeit.

Diese Sender zu empfangen war in der DDR und erst recht in der Armee verboten. Das ist mir schon klar, doch wer herausfinden will, welches Ziel diese Sender mit ihren „Informationen" verfolgen, muss sie auch hören. Die bloße Aufklärung durch unsere Vorgesetzten und die der öffentlichen Medien war hier für mich zu einseitig.

Beeinflussen konnten diese Sender doch nur den, der sich mit der Entwicklung unserer Gesellschaft nicht befasst hat oder sich damit nicht befassen wollte.

Es sind Leute, die glauben, für „Freiheit und Demokratie" kämpfen zu müssen, oder eben nur denken, dass sich in Westpaketen nur Kaugummi und Zigaretten befinden und diese Sender uns ausschließlich mit toller Musik unterhalten möchten.

Einfältiger geht es kaum!

Die Geschichte wird uns bald eines Besseren belehren.

Mit der Einführung der allgemeinen Wehrpflicht in der DDR ändert sich auch das Verhältnis zu den Vorgesetzten. Eine logische Tendenz.

Aber mein Maßband, an dem ich die Tage meiner Dienstzeit zählen kann, ist schon ziemlich kurz, so muss ich mir zum Glück darüber nicht den Kopf zerbrechen. Dachte ich jedenfalls. Im April 1963 werde ich mit vielen meiner Gefährten mit einer großen Parade vom Dienst verabschiedet und bin nun in Gedanken schon zu Hause.

Die Bahnfahrt über den Rügendamm in Richtung Stralsund ist somit schon fast ein symbolischer Akt.

Die neue Herausforderung

Jetzt ging es darum, das „neue Leben" wieder zu organisieren und neue Herausforderungen anzunehmen.

Ein kurzer Urlaub hilft mir erst einmal die Gegend um Roßlau neu zu erkunden.

Mein Hobby, das Radfahren, kann ich so erst mal wieder richtig ausleben. Die langen Touren in Richtung Wittenberg, dann durch den Fläming bis nach Genthin und zurück helfen mir, mich im zivilen Leben wieder zurechtzufinden. Auf meinen Touren nutze ich natürlich auch die Gelegenheit, mir die Ortschaften mit ihren Betrieben näher anzusehen. Die Industriegegend Wolfen-Bitterfeld war für mich aufgrund der hier angebotenen Verdienstmöglichkeiten, der Wohnungsangebote und Qualifizierungschancen besonders interessant.

Bei einer Radtour zum Sandersdorfer-See bin ich natürlich auch mit Leuten aus dieser Region ins Gespräch gekommen, die in der Chemieindustrie arbeiten, konnte auf diesem Wege Informationen einholen, gute Tipps für mögliche Berufsrichtungen und die entsprechenden Ansprechpartner erfragen.

Nach meinem Urlaub bewarb ich mich dann in der Farbenfabrik Wolfen als Anlagenbediener im Drei-Schichtbetrieb. Die Unterkunft in einem neu errichteten Ledigenwohnheim ist super und die Verpflegung in der Betriebskantine gut und preiswert. Aber es war natürlich auch eine sehr große Umstellung, mich wieder an die Arbeit im Schichtsystem zu gewöhnen. Doch die Arbeit macht mir Spaß, das Geld stimmt und die Arbeitskollegen stehen mir in komplizierten Situationen zur Seite.

Nach angemessener Einarbeitungszeit kann ich an einer Qualifizierungsmaßnahme teilnehmen und hierbei den Facharbeiterbrief als Chemiefacharbeiter erwerben.

Inzwischen lerne ich alle Tätigkeitsbereiche des Betriebes kennen, bin flexibel einsetzbar und nach zwei Jahren bereits als Schichtleiter tätig.

Im Radsportverein der Film- und Farbenfabrik gehe ich meinem Hobby nach, lerne neue Freunde kennen, nehme an vielen regionalen Radsportveranstaltungen teil und begegne bei diesen Gelegenheiten auch einigen Spitzensportlern der DDR. Das größte Erlebnis meiner sportlichen Laufbahn ist die Harzrundfahrt 1964, bei der auch viele Radsportler und Teilnehmer der Friedensfahrt anzutreffen sind.

Viele Veranstaltungen im Ort, Betriebsfeiern und auch freiwillige Arbeitseinsätze sorgen für weitere Abwechslung in meiner Freizeit.

Natürlich ist das Leben hier nicht nur bunt und unbeschwert, wer würde mir das schon abnehmen. Es gibt, wie überall, so auch bei uns im Betrieb Probleme zu bewältigen.

Diese aber werden in Betriebsversammlungen angesprochen und gemeinsam wird auch in den meisten Fällen eine Lösung gefunden. Wir sind eine sozialistische Brigade – kann man darauf nicht stolz sein? Doch, wir sind es und haben auch unsere Neider mit überaus dummen und unsachlichen Bemerkungen.

Oft werde ich von diesen Leuten an den sogenannten „Volksaufstand" von 1953 erinnert.

Einer meiner jüngeren Kollegen meldet sich überraschenderweise zum freiwilligen Dienst an der Grenze. Ein halbes Jahr später bekomme ich Besuch von zwei mir unbekannten Männern, die von mir nähere Informationen über diesen Kollegen einholen möchten, da er, wie sie sagen, für eine Beförderung vorgesehen ist. Den Fragen, die mir hier gestellt wurden, konnte ich allerdings schnell entnehmen, was da wirklich vorgefallen ist. Der Dienst bei den Grenztruppen galt für ihn nur als Vorwand zur Republikflucht. Das habe ich in Form einer Postkarte und mit „besten Grüßen" dann auch später erfahren.

Auch haben einige den Aufruf von Walter Ulbricht, „Wir müssen mehr aus unseren Betrieben herausholen", falsch verstanden.

Man kennt sich und man weiß, mit wem man es zu tun hat. Hier fehlt die positive Einstellung zur Arbeit, zum Staat und noch mehr zum Volkseigentum.

Leute, die nur die Hand aufhalten, gab es schon immer, wird es auch immer geben.

Natürlich unterhalte ich mich auch oft mit diesen Leuten, will sehen, ob an meiner Einstellung zum Staat Kompromisse möglich sind. Es ist ja letztlich nicht ausgeschlossen, dass auch ein sozialistischer Staat aus Fehlern lernen kann. Leider höre ich in den meisten Fällen wieder nur plumpe, abwertende Argumente ohne die geringste Idee, wie man etwas zum Wohle aller verändern kann. Nein, das hilft uns nicht weiter!

An ein Gespräch mit einem Parteifunktionär unseres Kombinates erinnere ich mich ganz besonders.

Es ging um die allseitige und ausreichende Versorgung der Bevölkerung für die Erhaltung und Modernisierung des privaten Wohnungsbestandes. Der Mangel an Baumaterial war hier für viele Hauseigentümer ein Grund, weshalb sie ihre Grundstücke aufgeben mussten.

Leider gibt es bei uns keine Bauunternehmen, die komplette Neubauten oder Sanierungen übernehmen konnten. Eigeninitiative und die Hilfe von Kollegen und Freunden war hier immer die beste und oft auch die einzige Lösung. Das Material für solch ein Vorhaben muss lange zuvor beantragt oder über Beziehungen zu Behörden oder betriebliche Verwaltungsorgane bezogen werden. So lief leider vieles nach dem Motto „wer an der Quelle sitzt".

Baumaterial, wie z. B. Ziegelsteine, Holz, Badkeramik, Zement, Dachziegel usw., sah man dann aber in endlos langen Zügen als Billigware in Richtung Westen rollen. Dass es so auch mit anderen Produkten lief, konnte wohl niemand mehr wegdiskutieren. In allen sozialistischen Ländern wären diese Produkte willkommen gewesen. Die starke Orientierung auf die West-Mark und auf den Dollar ist meiner Ansicht ein großer Fehler. Ein fairer Handel wird hier nicht betrieben. Ich bin deshalb der Überzeugung, dass die Handelsbeziehungen sich hauptsächlich innerhalb der sozialistischen Länder stärker entwickeln sollten und uns der Rubel als Leitwährung dient. So hätte der Kapitalismus weniger die Chance, den Osten als Handelspartner zu nutzen oder eher wohl auszunutzen, worum es ihnen ja letztlich auch nur ging.

Wie das zu bewerkstelligen ist, darüber solltet ihr Genossen euch einfach mal Gedanken machen, wenn ihr nicht möchtet, dass sich der 17. Juni wiederholt.

Mängel, auch wenn sie nicht gleich behoben werden können, müssen offen angesprochen werden. Das ist meine Einstellung, und so muss man mit mir auch leben. Auch Parteigenossen, mit denen ich oft so über Probleme diskutiere, müssen mit meiner Meinung leben können, vor allem jene, von denen ich weiß, dass sie nur ihrer beruflichen Karriere wegen Genossen sind.

Die entsprechende fachliche Kompetenz bleibt bei denen allerdings meist auf der Strecke.

Es gibt also einige, denen ich unbequem bin. Das finde ich auch ganz in Ordnung und das ist in meinen Augen etwas ganz Normales. Möglicherweise ist das aber auch der Grund dafür, dass ich erst zwei Jahre nach meiner Hochzeit und der Geburt unseres ersten Sohnes eine richtige Wohnung bekommen habe. Gewisse Beziehungen haben mir hier wohl gefehlt! Schon möglich, doch das möchte ich niemandem unterstellen. Meine erste Wohnung ist dann allerdings eine einzige Zumutung. Die Küche und ein kleines Wohnzimmer befinden sich über einem Stall-Anbau. Wetterseitig ist der Anbau nur aus einem zwölf Zentimeter dicken Mauerwerk errichtet, das bedeutet im Winter Reif an den Wänden. Kein Wasser und kein Abfluss in der Wohnung. Eine Trockentoilette auf dem Hof, das Schlafzimmer im Hauptgebäude unter einem nicht isolierten Dach.

Es ist ein Glück, dass unser Sohn während dieser Zeit in einer Wochenkrippe untergebracht werden kann. Zwei Jahre müssen wir so durchstehen, dann endlich bekommen wir die lang ersehnte Neubauwohnung in Wolfen-Nord. Es ist wie eine andere Welt, es ist ein Traum und es ist eine Wohnung, die uns finanziell nicht sehr belastet. Für diese Wohnung (ca. 50 m²) bezahlen wir 45 Mark incl. aller Nebenkosten. Wenn beide Ehepartner im Schichtbetrieb tätig waren, lag das monatliche Gesamteinkommen (ab Anfang der 70er Jahre) im Durchschnitt bei 1500 bis 1700 Mark. Um für das Alter vorzusorgen, haben wir natürlich auch, entsprechend unserem Verdienst, unseren Beitrag in die Rentenkasse incl. in die Zusatzrente eingezahlt.

Die Lebenshaltungskosten waren gering und die Preise stabil. Teuer sind natürlich die aus derzeitiger Sicht gesehenen Luxusartikel sowie Einfuhrprodukte aus dem kapitalistischen Ausland. Ladenhüter waren es deshalb aber nicht.

Den Arbeitsplatz, die Wohnung, den Kindergarten, die Schule, medizinische Einrichtungen, Einkaufsmöglichkeiten und auch die kulturellen Einrichtungen haben wir hier im Ort. Es ist ein Leben, das wir uns so gewünscht haben und wofür wir auch hart arbeiten müssen. Jetzt konnten wir uns richtig einrichten und auch das Geld für einen PKW ansparen. Vorerst war es dann nur ein gebrauchter Skoda Oktavia, aber die Anmeldung für einen Wartburg Tourist haben wir auch schon.

Unser Skoda Oktavia, 1976

Wir haben nun das Jahr 1980! Unsere Familie ist gewachsen und unsere Wohnung inzwischen zu klein. Eine unserem Bedarf entsprechende Wohnung kann ich aufgrund einer Zeitungsannonce in Magdeburg ohne längere Wartezeit bekommen. Allerdings ist hierfür auch ein Arbeitsplatzwechsel notwendig.

Hier in Magdeburg-Rotensee entsteht ein neues Plattenwerk. Arbeitskräfte werden gesucht und auch durch bevorzugte Wohnungsvergabe angeworben. Diese Chance konnten wir nutzen, um für uns die entsprechende Wohnung zu beantragen und ohne lange Wartezeit in Magdeburg im Stadtteil Neustädter-Feld auch zu beziehen.

Von diesem Neubaugebiet aus können wir mit den öffentlichen Verkehrsmitteln in verhältnismäßig kurzer Zeit unseren Arbeitsplatz erreichen. Wir arbeiten hier im wechselnden Dreischicht-System und können so unsere Kinder abwechselnd betreuen. Gemeinsame freie Tage nutzen wir, um die Stadt und die Umgebung kennenzulernen.

Für die weitere Zukunft werden Pläne geschmiedet, Urlaub geplant und die Wohnung neu eingerichtet. Hier haben wir neue

Freunde und Kollegen kennengelernt, gemeinsam gefeiert und auch oft unsere freie Zeit miteinander verbracht.

Die Einrichtungen für Bildung, Sport und Kultur, Gesundheit und Erholung können auch hier von jedem kostenlos genutzt werden. Es gibt in der DDR nicht alles oder eben nicht im Überfluss, was auch niemand bestreiten wird. Doch auf das Leben, das wir heute aufgrund unserer Hände Arbeit führen, können wir mit gutem Gewissen stolz sein.

Unsere Kinder haben die Schule und ihre Lehrausbildung erfolgreich abgeschlossen.

Dank unseres verhältnismäßig guten Einkommens können wir uns unseren Traum vom Eigenheim und einem PKW Wartburg auch bald erfüllen.

Verhältnismäßig zufrieden mit uns und der Welt konnten wir das Leben bis 1989 genießen und unsere Kinder auf ihr künftiges selbstständiges Leben vorbereiten.

Doch jedem Menschen recht getan, ist eine Kunst, die niemand kann! Wie wahr dieser Spruch ist, sollte sich „den Bürgerrechtlern sei Dank" bald erweisen.

Und zurück!

Was Hitler mit Unterstützung der deutschen Konzerne bis 1941 in Europa erreicht hatte, nämlich sich die Abhängigkeit und Unterwerfung der osteuropäischen Länder zu erpressen und hierfür auch die Zustimmung seiner Politik seitens der Engländer und Frankreichs zu erhalten, hat er mit dem Beginn des zweiten sinnlosen Weltkrieges wieder verspielt.

Den Traum und die Pläne von einem europäischen großdeutschen Reich hatten die Deutschen Imperialisten aber nie aufgegeben, zumal sie sich nach dem Krieg der Unterstützung der Westmächte und der USA sicher sein konnten.

Der „Kalte Krieg" hätte es seit 1945 bereits verdient, zum Unwort des Jahres gekürt zu werden.

Hierzu gehörte eine ungezügelte Hetze und zur Abschreckung eine ungebremste militärische Aufrüstung mit A, B und C Waffen.

Der politisch-psychologische Hintergrund der neuen NATO-Konzeption war der Gedanke, man könne sich durch die Entwicklung neuer Waffen einen Vorsprung verschaffen, damit dem Gegner seine Bedingungen diktieren oder ihn durch einen Erstschlag lähmen, ohne einen wirksamen Gegenschlag zu befürchten. Eine Bedrohung ging also niemals von der Sowjetunion aus. Das beweisen auch die Daten der wichtigsten rüstungstechnologischen Neuerungen der USA im Vergleich mit denen der UDSSR seit 1945.

So hat auch der USA-Präsident George Bush den weitreichenden sowjetischen Vorschlag zur schnellstmöglichen Beseitigung der chemischen Waffen noch vor einer multilateralen Vereinbarung zurückgewiesen.

Gegenüber Journalisten erklärte er in Washington, die USA bräuchten „eine gewisse Abschreckung und Druckmittel", um andere Staaten zur Abschaffung von C-Waffen zu bewegen.

Doch diese Waffen dienten der USA nicht nur zur Abschreckung, sondern vor allem als Druckmittel. Wie eindeutig das zu verstehen war, ergibt sich aus folgenden Tatsachen.

Hier nur einige Beispiele: In Übereinstimmung mit dem sowjetisch-amerikanischen Vertrag über die Liquidierung der Raketen mittlerer und kürzerer Reichweite wurde mit der Sprengung der letzten operativ-taktischen Rakete vom Typ OTR 23 die Vernichtung der sowjetischen Bestände an diesen Waffen beendet.

Jedoch verhielt sich die USA widersprüchlich. Einerseits hat man von der UDSSR die Berücksichtigung der Interessen und Besorgnisse der USA und ihrer Verbündeten erreicht, andererseits wurde dieses der Sowjetunion nicht zugestanden.

Auch ein wichtiges Sicherheitsproblem stellte das US-amerikanische Übergewicht bei den Seestreitkräften dar. Verhandlungen über die Angleichung und die damit verbundene Reduzierung dieser Angriffswaffen lehnte die USA ab.

Die UDSSR musste hier in Betracht ziehen, dass die USA in 40 Jahren um die UDSSR-Militärbasen errichtet haben, die offensichtlich Druck auf das Land ausüben und die Sowjetunion bedrohen sollten.

Dank der umsichtigen Politik der damaligen Sowjetunion und der Warschauer Vertragsstaaten kam es trotz mehrfacher Provokationen der USA (bis 1998 bestritten und heute in Medienberichten offen zugegeben) nicht zu einer militärischen Auseinandersetzung.

Auch in einer Grundsatzerklärung der DDR vor der UNO wurde betont, man müsse sich von Doktrinen trennen, die Feindbilder bewahren oder nähren, das Wettrüsten stimulieren und sogar den Einsatz von Kernwaffen offenhalten. Stabile Sicherheit erwächst für alle nur aus einer Politik, für die die Verflechtung militärischer, politischer, ökonomischer und humanitärer Faktoren berücksichtigt und darauf gerichtet ist, militärische Macht zugunsten des politischen Zusammenwirkens weiter zurückzudrängen. In Europa muss es das Hauptziel bleiben, die übervollen Waffenarsenale so weit abzubauen, dass die Kriegsgefahr für immer gebannt wird. Dann können Ost und West auf neuer Basis zum Nutzen aller Völker zusammenarbeiten.

Des Weiteren wurde von den Staaten des Warschauer Vertrages der Vorschlag unterbreitet, Verhandlungen zur Reduzierung taktischer Kernwaffen mit dem Ziel, ein Europa, ja eine Welt ohne Kernwaffen aufzunehmen.

Die Glut, um „Schwerter zu Flugscharen" zu schmieden, wurde somit den USA und ihren Verbündeten hier und auch in den vorangegangenen Jahren bereits angeboten.

Doch die politischen und vor allem die wirtschaftlichen Ziele der Westmächte bestanden weiterhin nur einseitig, denn auf den Absatzmarkt in Richtung Osten wollte man auf keinen Fall verzichten. Die Methoden dieses Ziel zu erreichen sind bekannt, haben auch dank der Scheinheiligkeit der Kirche, der Kurzsichtigkeit der „Bürgerrechtler" in Polen, Ungarn, der CSSR und letztlich auch in der DDR leider ihre Wirkung nicht verfehlt.

So wurde zum Beispiel mit Hilfe der Solidarność in Polen der Güterverkehr der DDR in Richtung Sowjetunion blockiert. In der Folge bildete sich an der Grenze zu Polen ein Stau von 25 Güterzügen mit jeweils 45 bis 50 Waggons. Zu 90 Prozent handelte es sich hier um Konsumgüter.

Woran lag das? Gehen wir der Reihe nach. Polen lässt diese Güterzüge sein Territorium nicht passieren, weil die „Eisenbahner" ihre Schienenwege nicht mit Zügen aus der DDR verstopfen wollen. Als Ursache wird hier genannt, dass in Brest nicht schnell genug die Anzahl der Güterwaggons bereitgestellt werden kann. Aber wie funktionierten diese Transporte bisher?

Die Folgen waren hier abzusehen und wohl auch bedacht. Ein Gesetz der Ökonomie lautet: Alles, was produziert wird, muss möglichst schnell abgesetzt werden. Nun aber bot sich hier ein besorgniserregendes Bild: Lager, Höfe und Hallen von

DDR-Betrieben, die ihre Produktion auf den sowjetischen Markt orientiert haben, sind mit Waren vollgestopft. Etwa 40 Prozent des wirtschaftlichen Potenzials der DDR, wo fast die Hälfte der arbeitsfähigen Bevölkerung beschäftigt ist, sind an die Sowjetunion „gebunden".

Und nun versetzen wir uns mal in die Lage der Betriebsleiter der betroffenen Betriebe. Was sollten sie tun? Die Produktion stoppen? Oder neue Absatzmärkte suchen? Doch wer hätte künftig diese Produkte in DM bezahlen können?

Wer hatte hier wohl seine Finger im Spiel?

Der „Kalte Krieg" wird aber auch heute noch trotz der nun erfolgten Grenzöffnung oder gerade jetzt mit den Visionen Hitlers ungehindert fortgesetzt. Es geht dem Westen jetzt darum, wie auch in Ostdeutschland bereits geschehen, so schnell wie möglich die wirtschaftliche, soziale und kulturelle Struktur der osteuropäischen Länder zu zerstören, den Absatzmarkt zu erobern und hier billige Arbeitskräfte zu rekrutieren.

Die negative Entwicklung in allen der EU beigetretenen Ländern ist hierfür der beste Beweis.

Den „Wohlstand" unterhalb der Armutsgrenze dürft nun auch ihr Osteuropäer bereits genießen. Oder?

Das alles Dank der Opposition und der „freiheitlichen Demokratie". Soll das die Zukunft Europas sein?

Doch wer zurückgeht, müsste den Weg ja kennen.

Wie lange wollen die Völker Europas, und nicht nur diese, sich das noch gefallen lassen?

Eine Mauer konnte das nicht verhindern, so wie es in anderen Staaten wahrscheinlich zu funktionieren scheint. Ich denke da an die mindestens genauso hässliche Mauer im US-Bundesstaat Arizona. Ein gewaltiger Stahlzaun trennt den Ort Nogales in eine mexikanische und eine amerikanische Hälfte, oder Israel und Jordanien, Israel und den Gasastreifen und so weiter.

Was sollen diese Mauern wohl bezwecken?

Sie dienen zum Schutz gegen die bösen Nachbarn oder gegen illegale Einwanderer. Ist schon klar! Die Frage ist hier aber doch, auf welcher Seite steht der böse Nachbar?

Was die illegalen Einwanderer betrifft, so waren sie in den Boomjahren als billige Arbeitskräfte aus dem Süden doch sehr willkommen.

Vor illegalen Einwanderern mussten wir die DDR allerdings nicht schützen, an bösen Nachbarn hat es aber nicht gefehlt.

Alles hat einen Grund, ob es einen Sinn hat, ist in jedem Fall fraglich.

Für die DDR war die Mauer ein antifaschistischer Schutzwall.

Heute bestätigen sich diese Worte und jeder, der sich in der DDR eines Verbrechens schuldig gemacht hat und hierfür rechtmäßig verurteilt wurde, darf sich heute als politisch Verfolgter eine fette Entschädigung einstecken.

Aus der Sicht der BRD und der sogenannten Bürgerrechtler wurden die DDR Bürger eingemauert.

Ist ihnen entgangen, dass jeder DDR Bürger seine Schulausbildung, Lehre, Studium und alle kulturellen und sportlichen Angebote einschließlich sozialer Leistungen kostenlos nutzen konnte?

Dass jeder DDR Bürger entsprechend seiner Qualifikation und Fähigkeiten eine Tätigkeit ausüben konnte?

Das alles zu vergessen und im Westen seine Vorteile als DDR Flüchtling zu suchen, war das fair unserem Staat und den ehrlichen Bürgern gegenüber?

Meine Meinung hierzu ist: Die DDR hätte diesen „nach Freiheit strebenden" Leuten für all diese Leistungen die entsprechende Rechnung präsentieren und sie dann in ihre lang ersehnte Freiheit (One-Way-Ticket) laufen lassen sollen. Wenn der Wunsch der DDR Bürger nach der „freiheitlich demokratischen Grundordnung" hier wirklich so groß gewesen ist wie es vom Westen behauptet wird, wie lange hätte die BRD es dann wohl ausgehalten, diese Leute aufzunehmen und ihnen auch noch eine Wohnung und Arbeit anzubieten?

Ich bin mir sicher, dann hätte man diese Mauer auf der westlichen Seite errichtet.

So wie sie heute zum Beispiel noch im Bundesstaat Arizona steht.

Die Reaktion der BRD im November 1989 war hier bereits sehr eindeutig. Kurz nach der Aufnahme der ersten DDR Flüchtlinge, die aus Ungarn in Bayern ihr vermeintlich neues Zuhause fanden, gab es die ersten Repressalien von Wohnungseigentümern und Unternehmern, die diese Situation ausnutzten und den „glücklichen Neuwessis" unzumutbare Bedingungen aufgezwungen haben. Sie mussten sich hier oft unter ihrem Niveau und natürlich dann auch als Lohndrücker um einen Job bewerben.

Der Geburtenknick
(demografischer Wandel)

Heute, im Jahr 2013, so beweist die Statistik, ist die Sterberate ca. 50 % höher als die Geburtenrate. Das zumindest in Ostdeutschland. Die Verknappung gut ausgebildeter einheimischer Arbeitskräfte ist von den Konzernen und ihren bezahlten Politikern mit der Bildung der Europäischen Union vorprogrammiert. Absatzmarkt und billige Arbeitskräfte heißt die Devise. Jetzt soll das Volk auch noch die Einwanderung ausländischer Bürger bejubeln. Ausländer, wenn sie als Touristen, Studenten oder Künstler nach Deutschland kommen, unser Land kennenlernen möchten oder nach dem Studium als Fachkräfte in ihr Land zurückgehen und so ihrem Land bei der Entwicklung ihrer eigenen Wirtschaft helfen, sollen uns sehr willkommen sein. Kommen sie aber als Lohndrücker, kann sich das bereits versklavte deutsche Volk nicht mehr darüber freuen. Denn die Kosten, die Deutschland hierbei zu stemmen hat, werden auf jeden Fall dem Steuerzahler aufgebürdet. Darüber freuen können sich nur diejenigen, die davon profitieren. Ich stelle mich damit nicht auf die Seite der Rechten, aber ich verschließe auch nicht die Augen vor den Tatsachen. Die Zukunft wird meine Worte bestätigen. Und heute, am 11. 08. 2015, finde ich in den Nachrichten aller Medien genau diese Worte bestätigt.

Will man so dem demografischen Wandel entgegenwirken?

Es ist ganz sicher der falsche Weg, in den Deutschland hier seine Zukunft setzt.

Im ersten Halbjahr 1990 war die Geburtenrate noch annähernd so hoch, wie wir sie zu DDR Zeiten gewohnt waren. Dass es sich fast schlagartig zum Negativen geändert hat, ist mir wahrscheinlich besonders deshalb so früh aufgefallen, weil ich im Januar Opa geworden bin.

Meine Kinder waren damals in dem Alter, in dem man naturgemäß für den Nachwuchs zuständig ist. So lief also die Entwicklung der Wendegeneration praktisch vor meinen Augen ab. Die ersten Konsequenzen, die meine Kinder kurz darauf zu spüren bekamen, war der Arbeitsplatzverlust trotz abgeschlossener Facharbeiterausbildung.

Die Betriebe, in denen sie wenigstens ihre Ausbildung noch abschließen durften, wurden bereits Anfang 1991 von der Treuhand abgewickelt.

Nach ca. einem Jahr Arbeitslosigkeit trotz ständiger Bewerbungen und Vorstellungsgesprächen beim Arbeitsamt war eine ABM (Arbeits-Beschaffungsmaßnahme) das einzige, was einem meiner Söhne angeboten wurde und damit die einzige Chance, als nun frischgebackener Familienvater seine Familie über Wasser zu halten. Mehr war ja mit so einer Maßnahme nicht angedacht. Meine beiden anderen Söhne, ebenfalls den Facharbeiterbrief gerade in der Tasche, wurden nun zum Wehrdienst eingezogen.

Als ehemaliger Freiwilliger bei der Nationalen Volksarmee der DDR empfand ich das wie das Schwenken der weißen Fahne.

Sie aber versahen ihren Dienst so, wie sie es bei ihrer Vereidigung gelobt hatten.

Der Lohn dafür ließ nicht lange auf sich warten.

Nach dem Wehrdienst galten sie als Berufsneueinsteiger. Ihr Berufsabschluss wurde wegen der „rasanten technischen Entwicklung" nun nicht mehr anerkannt.

Sie landeten also ebenfalls in einer Arbeits-Beschaffungsmaßnahme.

Eine Familienplanung ist demnach kein Thema mehr für sie. So wie meiner Familie erging es natürlich fast allen jungen Menschen im Osten. Selbst diejenigen, die noch Arbeit haben, arbeiten in den wenigsten Fällen noch in ihrem erlernten Beruf. Unsere Betriebe werden reihenweise von der Treuhand verscherbelt oder nach „Wild-West-Manier" abgewickelt und die Anlagen demontiert. Dann springt der angebliche Investor ab. Natürlich nicht, ohne vorher die von Bund und Land bereitgestellten Fördermittel zu kassieren. Den Abriss dieser Betriebe überließ man dann großzügigerweise den bisherigen Arbeitnehmern zur Gestaltung der versprochenen blühenden Landschaften.

Danke, liebe Politiker, das habt ihr mit eurer geschmierten Opposition gut hingekriegt.

Wer aber in so einer Situation noch Kinder großziehen will, muss schon sehr optimistisch oder aber sehr verantwortungslos sein.

Ohne Perspektive wurde nun den heranwachsenden Kindern jede Lust am Lernen genommen.

Alle Beteuerungen der jeweils Regierenden, daran etwas zu ändern, waren reine Luftblasen und leere Wahlversprechen. Als Lobbyisten fühlen sie sich natürlich nur ihren Wohltätern verpflichtet. Diese Entwicklung war und ist der Grund für den demografischen Wandel.

Ein Nachwuchsproblem gab es in der DDR jedenfalls nicht. Das hatte doch seinen Grund. Oder?

Übermäßiges Einkommen und ein Leben in Luxus war es sicher nicht.

Heute, 25 Jahre nach der sogenannten „Wiedervereinigung", prahlt man in den Medien mit den drastisch gesunkenen Arbeitslosenzahlen. Die Rechnung ist also aufgegangen.

Der Nachschub an billigen Arbeitskräften wartet bereits schon in den eilig aufgestellten Notunterkünften. Ich glaube kaum, dass wir uns darüber freuen können.

Die Stasi, „das schwarze Schaf"?

Denutius war kein DDR-Bürger und Denunziation keine sozialistische Erfindung. Das können unsere Geschichtsforscher sicher bestätigen. Mit Informationen, die dem Schutz der Bevölkerung dienen, ist eine hinterhältige Denunziation auch nicht gleichzustellen.

Nehmen wir mal an, es hätte die Staatssicherheit nicht gegeben. Wie haben denn der westliche Teil Deutschlands und auch viele Menschen im Osten nach 1945 auf die sowjetische Besetzung des östlichen Teil Deutschlands reagiert?

Wir haben ja erlebt, wie die westlichen Besatzungsmächte und auch die Regierung des westlichen Teil Deutschlands alles daran gesetzt haben, das Volk gegen diese Soldaten, gegen die Sowjetunion und gegen die Gründung eines sozialistischen Staates aufzuwiegeln, in der Hoffnung, das Ergebnis des verlorenen und zerstörerischen Krieges wieder zu revidieren.

Schließlich gab es nach der Kapitulation auch im Osten noch genügend Fanatiker, die sich gerade den Russen gegenüber bis an ihr Lebensende zum Feind erklärt hatten.

Es waren Leute, die skrupellos und hinterhältig agierten und alles daran gesetzt haben, dem sozialistischen Aufbau unseres Landes zu schaden.

Die Grundlagen für entsprechende Aktivitäten und der Wachsamkeit waren also gegeben.

Die Streiks in der DDR am 17. Juni 1953, der Prager Aufstand 1964 und die Bildung der Solidarność in Polen sind hierfür der deutlichste Beweis.

Wie naiv hätten wir wohl sein müssen, um uns gegen diese Machenschaften nicht in angemessener Weise zu wehren?

Wohl jeder in der Welt anerkannte Staat, so auch die DDR, hat sich eine Verfassung gegeben, die von dem Willen erfüllt ist:
- die Freiheit und die Rechte des Menschen zu verbürgen,
- das Gemeinschafts- und das Wirtschaftsleben in sozialer Gerechtigkeit zu gestalten,
- dem gesellschaftlichen Fortschritt zu dienen,
- die Freundschaft mit allen Völkern zu fördern und den Frieden zu sichern.

Diese Verfassung galt es zu schützen und zu verteidigen. Mit gutem Grund! In der DDR gab es hierfür unter anderem auch die Staatssicherheit.

Zwangsläufig drängt sich mir die Frage auf, wer unsere Verfassung oder das Grundgesetz heute in der Bundesrepublik schützt? Das Bundeskriminalamt (BKA)? Das Gemeinsame Terrorismusabwehrzentrum (GTAZ)? Der Verfassungsschutz? Der Bundesnachrichtendienst (BND)? Sicher! Nur in welchem Interesse und mit welchen Mitteln?

Wie wurde wohl zum Beispiel nach der Gründung der Bundesrepublik mit den Menschen verfahren, die angeblich gegen das Grundgesetz verstoßen habe, oder auch nur dessen Einhaltung forderten? Oder auch mit den Mitgliedern der DKP?

Denken wir nur mal an die vielen Berufsverbote bereits vor und auch nach der „Wiedervereinigung".

Von Bismarcks Sozialistengesetz über das Nazi-Gesetz zur „Wiederherstellung des Berufsbeamtentums" und den sogenannten Adenauererlass haben aber Berufsverbote stets dazu gedient, missliebige politische Meinungen oder Parteien mundtot zu machen.

In einem rechtspolitischen Gutachten stellte ein Bremer Rechtsanwalt fest, dass in der Zeit von 1951 bis 1968 gegen mehr als 150 000 Personen Ermittlungsverfahren eingeleitet wurden. Es handelte sich hier um politische Verfolgung mit den Mitteln des politischen Strafrechts.

Im Osten betraf es dann ab 1990 vorrangig Angestellte im Schulwesen und in den Verwaltungen, die wegen ihrer vermeintlichen positiven Einstellung zum sozialistischen System von ihrer jahrelangen verantwortlichen Tätigkeit „entbunden" wurden.

Von wem wurden denn hier über diese Mitarbeiter detaillierte Informationen an die entsprechenden neuen Behörden weitergeleitet? Wer hat nach 1990 die damals in der DDR erfolgreichen, aber der sozialistischen Gesellschaftsordnung nahestehenden Wissenschaftler, Künstler und auch Sportler ignoriert und sogar diffamiert? Und woher kamen hier die Informationen? Wer hatte hier wohl die Ohren an der Wand?

Ich denke da an die heimliche Stasi des Westens, an die Wendehälse.

Aber nicht nur in Deutschland wird der Öffentlichkeit gegenüber eine scheinheilige Welt präsentiert.

Noch heute gibt es zum Beispiel in US Gefängnissen und auch in anderen, dem kapitalistischen System nahestehenden Staaten, politisch verfolgte und inhaftierte Menschen.

Wer redet hier von Freiheit und Menschenrecht? Und wenn, für wen gelten diese Rechte?

Einen Nachbarn oder Kollegen, der dich beobachtet, soll es angeblich heute nicht mehr geben.

Aber die Technik in unseren eigenen vier Wänden hinterlässt alle Daten, die für einen gläsernen Bürger notwendig sind.

So suchen heute zum Beispiel Personaler großer Unternehmen, im Internet systematisch nach Angaben über einen Bewerber, um sich einen „ersten Eindruck" zu verschaffen. Ein Fünftel aller Unternehmen recherchierte bereits schon bald nach deren Gründung in Netzwerken wie Xing, Linkedin oder Facebook, um hier im Vorfeld entsprechende Daten über das Privatleben bestimmter Personen zu erhalten.

Von der NSA-Affäre ganz zu schweigen.

Wo ist also in der Sache der Unterschied?

Außer dem, dass diese Daten heute auch Verbrechern und Betrügern jederzeit zur Verfügung stehen.

In der Neujahrsansprache unserer Bundeskanzlerin im Jahr 2013 hat sie sich mahnend an die Finanzmärkte gewandt und die Finanzkrise von 2008 mit ihren verheerenden Folgen kritisiert und dem

Volk erklärt: In der sozialen Marktwirtschaft sei der Staat der Hüter der Ordnung, darauf müssten die Menschen vertrauen können.

Zum Abschluss dankte Angela Merkel den Soldaten, Polizisten und zivilen Helfern, „die unter großen persönlichen Opfern ihren Dienst für uns tun" und für unsere Sicherheit sorgen, hierzulande und fern der Heimat.

Der Hüter der Ordnung war auch in der DDR der Staat, und auch hier dankte der Staatsratsvorsitzende in seinen Ansprachen den Soldaten, Polizisten und zivilen Helfern für ihre Dienste. Ich kenne im Übrigen kein Land, in dem es nicht so ist.

Die Staaten der sozialistischen Gemeinschaft waren also in den Augen der kapitalistischen Staaten „Diktaturen". Ja, das waren sie – denn hier regierte die Diktatur des Proletariats im Interesse seines Volkes. Wer also gegen die hier geltenden Gesetze verstößt und damit vorsätzlich handelt, kann nicht erwarten, dass man ihm in irgendeiner Weise noch dankend entgegenkommt.

Ein Staatsgebilde, gleich welcher Gesellschaftsordnung, hat ein Recht, ja sogar die Pflicht, sein Volk zu schützen. Oder?

Der entscheidende Unterschied besteht doch aber darin, ob sich ein Staat verteidigen muss oder ob er andere Länder provoziert und ihnen seine Art Demokratie aufzwingen will.

Im Übrigen ist auch die „Demokratie" ein sehr dehnbarer Begriff.

Ein unbekannter Verfasser hat das mal so ausgedrückt: „Demokratie ist eine Einrichtung, die es den Menschen gestattet, frei zu entscheiden, wer an allem schuld sein soll."

Ich denke, Demokratie ist das, was ein Volk aus ihr macht. Sie kann den werktätigen Massen helfen, sie kann ihnen aber auch schaden.

Das hat das deutsche Volk ja bereits 1933 erlebt.

Wer also im Glashaus sitzt, sollte doch aufhören mit Steinen zu werfen.

Und heute will es keiner gewesen sein!

Die Euphorie war 1989 groß und die Erwartung noch größer. Flüchtende DDR-Urlauber aus Ungarn über die Grenze nach Österreich. Zufall? Besetzung der Botschaft der Bundesrepublik in Prag durch Urlauber und Touristen aus der DDR. Drang nach Freiheit? Auch die Kirche lässt sich hier wieder einmal missbrauchen. Hier erinnern wir uns doch gern an die vielen „Friedensgebete". Friedliche Demonstrationen! „Die Helden von Leipzig"! Wir sind das Volk! Wir sind „ein Volk"! Die Mauer muss weg! Freie Wahlen für freie Bürger!

Die Montagsdemos finden immer mehr Zustimmung in der Bevölkerung. Viele Redner, die angeblich endlich mal ihre Meinung offen sagen konnten, haben sich auf den Tribünen und vor den vielen Kameras profiliert. Egal was hier gesagt wird, Hauptsache es geht gegen den Sozialismus, gegen die Staatssicherheit und gegen die Mauer in Berlin. Obwohl die Grenzen noch nicht offen sind, kann man bei jeder Demo und an allen Ecken die Kameras der westdeutschen Sender sehen. Kaum hatten sie eine Szene im Kasten, wurde sie auch schon im jeweiligen Sender übertragen. Wer hat das wohl organisiert?

Während der Demonstrationen gibt es bereits Übergriffe auf die Polizei, auf Objekte der Staatssicherheit und auch auf Verwaltungsgebäude. Hier sollte ganz offensichtlich ein gewaltsames Einschreiten der Sicherheitskräfte provoziert werden. War das noch friedlich?

In diesen Situationen hätte es leicht zur Eskalation führen können. Dass es lediglich vereinzelt dazu kommt, verdanken wir nicht den Demonstranten, sondern den Verantwortlichen der Regierung in unserem Land, der DDR. Niemand war auf so eine Situation vorbereitet.

Man muss schon eingestehen, dass der amerikanische Geheimdienst die CIA und ihre Bundesgenossen „Radio Liberty", Sender Freies Europa, RIAS und andere hier gute Vorarbeit geleistet haben.

Ob die Erwartungen, die nach den Demonstrationen, dem Fall der Berliner Mauer und der damit verbundenen Grenzöffnung für jeden einzelnen Bürger unseres Landes in Erfüllung gingen? Das muss jeder für sich selber klären. Viele konnten es inzwischen klären, doch die Begeisterung bleibt aus.

Gegen diese Art Machenschaften aber heute zu protestieren, fällt niemandem ein. Wir waren ja eingesperrt und wollten endlich Freiheit und Demokratie! Fehler gibt man nicht so gern zu.

Freiheitliche Demokratie? Für wen, und vor allem, wer bestimmt denn in so einer Situation wie heute, was Demokratie ist?

Die DDR hat's gegeben!

Sind wir jetzt ein Volk?

Ja, wir sind ein Volk, ein Volk, das auf die Maschen der CIA und ihrer Mitstreiter hereingefallen ist. Ein Volk, das sein Eigentum für 100 DM Begrüßungsgeld, eine „Freiheitliche Grundordnung" und für ein paar Bananen freiwillig wieder an seine Unterdrücker und Kriegsgewinnler verschenkt hat. Ein Volk, das sich kaum noch erinnert, wem es Leid und Elend, Krieg und Trümmer zu verdanken hat.

Jetzt zählt nur noch eins, einkaufen in den Großmärkten, reisen in die freie Welt, spazieren gehen auf der Reeperbahn, endlich mal ein schöneres Schrottauto kaufen und jede Musik hören, ob sie gefällt oder nicht. Den Text verstehen wir nicht, aber sie ist schön laut.

Ja, und dann gibt es jetzt noch Teppiche, Kochtöpfe, Plastegeschirr und endlich auch richtige Kosmetik, damit wir nicht mehr so nach Ossi riechen müssen. „Gern gesehen waren auch immer die vielen Versicherungsvertreter, Finanz- u. Immobilienmakler" und ähnlich herumstreunende Sparbuchplünderer.

Da wird aber auch schon mal der Bettler auf der Straße oder der Obdachlose unter der Brücke als eine Art touristische Attraktion oder notwendiges Übel abgetan. Kein Problem, eine freiheitliche Demokratie fordert auch mal Opfer. Wer hätte wohl in diesen Tagen daran gedacht, dass auch wir die Opfer sein sollten?

Die Ernüchterung ließ dann auch nicht lange auf sich warten. In riesigen Viehzuchtanlagen gequälte Tiere, EHEG, Vogelgrippe, Rinderwahn, verseuchtes Tierfutter, Gammelfleisch-Skandale, Kadaver in den Lebensmitteln, beigemischtes Pferdefleisch in Fertiggerichten, mittels Geschmacksverstärker verseuchte

Lebensmittel, Pflegenotstand in Altenheimen, Klinikskandale wegen unnötiger Operationen und Operationsfehler, man nennt es heute „Risikoselektion" (könnte auch ein Unwort sein). Leben unterhalb der Armutsgrenze. Mobbing, vom Kindergarten bis ins Altersheim. Wer glaubt da noch an eine bessere Zukunft? Wo ist hier das Ende der Fahnenstange? Nur das Wirtschaftswachstum zählt. Allerdings nur auf dem Konto der Unternehmer.

Nach jedem dieser zufällig aufgedeckten Skandale werden uns von den Politikern schärfere Kontrollen gegenüber den Erzeugerbetrieben versprochen. In den wenigsten Fällen wurden aber die Verursacher ausfindig gemacht und noch weniger wurden sie dann dafür zur Verantwortung gezogen.

Ich bin mir sicher, auch hier steckt ein System dahinter.

Wer gesund bleiben will, kann ja Bio-Produkte kaufen, wenn es denn Bio-Produkte sind und er sie auch bezahlen kann.

Ja, und wer nicht, der muss doch unserer freien Marktwirtschaft nicht unbedingt über sein Rentenalter hinaus auf der Tasche liegen.

Für diese „Hartz IV Urlauber" ist schließlich das „sozialverträgliche Frühableben" angedacht.

Hätten die Völker der sozialistischen Staaten eine solche Ausbeutung und Missachtung der Menschenwürde ertragen? Auf keinen Fall! Aber warum ertragen sie es dann heute? Und warum so lange? Warum kann man die Menschen heute so demütigen? Können freie Wahlen diesen Zustand ändern? Wenn ja, dann wäre das wirkliche Demokratie!

Was dann aber bedeuten würde, dass solche Unternehmen, die ihre Produkte für die Grundversorgung einer Bevölkerung produzieren, in staatliche Hände gehen. Dass es für alle Produkte der Grundversorgung eine Preisobergrenze geben muss oder, im Falle von Preissteigerungen, für alle Einkommen einschließlich der Renten eine Anpassung erfolgt.

Doch an diesem Punkt hat die freiheitliche Demokratie ihre Grenzen. Denn das wäre ja bereits schon der Anfang einer sozialistischen Demokratie- eine Diktatur des Proletariats.

Es gibt also keinen Geschäftsmann, Banker, Vertreter und keinen Beamten, der zu uns in den „unterentwickelten, wilden Osten" gekommen ist, nur um uns zu helfen.
Die versprechen für den Aufschwung Ost sind dann auch bis heute nur Versprecher geblieben.

Um aber mal ehrlich auszudiskutieren, wie es denn nun weitergehen soll, sollte man schon einen Blick zurück wagen und sich die Fragen stellen, wo und wann denn der Aufschwung Ost überhaupt begonnen hat?

Heute sind die Häuserfassaden heller, die Straßen glatter und die Schaufenster bunter. Das wird auch niemand bestreiten!

Doch alles, was jetzt im Osten gebaut, saniert und modernisiert wird, werden wir – das Volk – nun selbst bezahlen müssen.

Ich denke da zum Beispiel an die sogenannten Straßen-Anlieger-Gebühren, an die schleichenden und versteckten Preiserhöhungen aller Lebensmittel und Gebrauchsgüter des täglichen Bedarfs, an die hohen Miet- und Nebenkosten usw.

In welcher Form auch immer abkassiert wird, schenken wird man uns auch heute nichts!

Im Bedarfsfall kannst du dafür natürlich auch einen Kredit aufnehmen und dich bis über die Ohren verschulden. Dein Grundstück, wenn es Dir noch gehört, ist dann in den meisten Fällen weg! Wohl bedacht!

Die BRD hat's genommen!

In einem Interview mit einem Wirtschaftsexperten (leider sind mir Ross und Reiter nicht mehr bekannt), das Anfang 1990 von einem Radiosender ausgestrahlt wurde, war zu hören (und das vergisst man nicht): „Unser vorrangigstes Ziel muss nun sein, das Monopol des Konsums und der Handelsorganisation in Ostdeutschland zu zerschlagen, alles andere ist dann nur noch eine Kettenreaktion." Wie das ablief, haben wir erlebt und erleben es noch heute.

Und jetzt darf sich jeder mal die Frage selbst beantworten – warum?

Hier wurde ein Ziel verfolgt, das schon lange vor der Wiedervereinigung von den sogenannten Ostlandrittern, der Bundesregierung und deren Geldgebern geplant war.

Es war auch, wie ich meine, der einzige Grund für diese Art Wiedervereinigung.

Nach der Einführung der DM sind den ostdeutschen Betrieben alle Wirtschaftsbeziehungen mit den ehemaligen sozialistischen Ländern aufgekündigt worden, weil diese Länder von nun an unsere Waren wegen fehlender Devisen nicht mit der DM bezahlen konnten. Die eigene Bevölkerung der ehemaligen DDR sorgt jetzt auch noch selbst für riesige Einkaufsschlangen auf den Autobahnen in Richtung Westen oder stürmt die bei uns provisorisch aufgestellten Einkaufscontainer der Supermärkte.

Ostdeutsche Produkte sind nicht mehr gefragt. Damit sorgt die Bevölkerung zusätzlich nun, wie auch von den westdeutschen Konzernen geplant, für die Unrentabilität unserer Betriebe.

Diese können dieser Entwicklung aufgrund fehlender Materiallieferungen, finanzieller Einbrüche und der berechnenden billigeren

Konkurrenz nichts entgegensetzen. Arbeitsplätze müssen abgebaut oder ganze Betriebe geschlossen werden.

Für den Rest sorgt dann die eigens dafür geschaffene Treuhandanstalt.

Die gewünschte Kettenreaktion ist nun in vollem Gange und auch nicht mehr aufzuhalten.

Durch die angebotenen Arbeitsbeschaffungsmaßnahmen bekommen wir immerhin noch die Chance unsere Arbeitsplätze selbst abzureißen und in „blühende Landschaften" umzuwandeln.

Viele ostdeutsche Leitungskader werden wegen „Untragbarkeit" durch westdeutsche Pendler, Manager und Berater ersetzt, die hier für ihren „selbstlosen" Einsatz eine Zweitwohnung und zusätzlich zu ihrem Gehalt eine Buschzulage erhalten.

Die besten Beispiele sehen wir in den heutigen Leitungsebenen der Medien.

Und so ist der Weg endlich frei für die lang ersehnte „freiheitliche Grundordnung", für die Demokratie eines Rechtsstaates, wie wir ihn uns „gewünscht" haben.

Endlich haben auch wir, die ja lang ersehnte Freiheit, uns als Billiglöhner in einschleimenden Vorstellungsgesprächen anzubiedern. Was nützt dir da ein Abitur, ein Berufsabschluss oder sonstige Fachausbildung, wenn du als nicht belastbar, teamorientiert und flexibel eingeschätzt wirst? Bestenfalls hast du dann als Leiharbeiter noch eine Chance.

Zum Glück gibt es dann auch noch die lang ersehnten Arbeitsämter, Jobcenter, Parkbänke, Bahnhöfe, Brücken und Bauruinen, wo wir Hilfe und Unterkunft finden.

Wir dürfen uns auch noch darüber freuen, wenn wir ehemaligen DDR-Bürger als Seelenkrüppel bezeichnet werden. Geht's noch?

Es war nicht alles schlecht in der DDR – dieser Satz ist immer für eine Debatte gut, aber man beschränkt sich hierbei leider nur auf das Ampelmännchen.

So kann man es heute in den Medien lesen.

Gerechterweise sollte es aber heißen: Es war nicht alles gut in der DDR. Hierüber zu debattieren, wäre fairer. Denn dann könnten vor allem aufgeklärte Menschen auch die Ursachen benennen. Zudem könnte man die damalige Situation mit der heutigen besser vergleichen.

Die Äußerung in einer Tageszeitung, dass manche die „ostdeutsche Republik" (DDR) immer rosiger – und damit falsch darstellen, ist eine Abwertung der Leistungen aller ehrlichen und fleißigen Menschen, die ohne ausländische Hilfe ihr Land aus den Trümmern des Krieges wieder aufgebaut haben. Was kann man hier falsch darstellen?

Eine sogenannte Ostalgie wird uns ehemaligen DDR-Bürgern als geistige Dauerbelastung vorgehalten. Ich denke nicht, dass sich diese „ostalgischen" Bürger so sehr nach einer angeblich „menschenverachtenden Diktatur" zurücksehnen würden. Diese Ostalgie hat ganz sicher andere Gründe und diese sind auch dem heute regierenden kapitalistischen System nicht entgangen.

Wenn gewisse Leute diese Ostalgie so stört, dann wäre es doch an der Zeit, dieser mit einer Angleichung der Löhne, Gehälter und auch der Renten zu begegnen.

Sollten sich unsere Politiker jemals dazu durchringen, dann behaupte ich aber schon heute, dass dieses Geld dem Normalverdiener in irgendeiner anderen Form wieder aus der Tasche gezogen wird. Zum Beispiel über die Anhebung einer Stromsteuer, der Krankenkassenbeiträge und anderer Umlagen. Auf diese Weise wird man auch gleich wieder Neid und Missgunst unter das Wahlvolk bringen.

Schließlich wollte man ja nur Deutschland vereinen und nicht das Volk. An den Konten der Reichen wird man sich also nicht vergreifen.

Warum auch, diese Leute werden sich das, was man ihnen nimmt, auf anderem Weg und natürlich vom kleinen Mann wieder zurückholen.

Der uneingeschränkten Unterstützung unserer derzeit regierenden Politiker können sie sich dabei sicher sein. In einem kapitalistischen System gehören die meisten Politiker zur Lobby der großen Unternehmen, sie werden von ihnen bezahlt oder notfalls bestochen.

Dank der Auslegung des Grundgesetzes der Bundesrepublik Deutschland zwischen den Zeilen ist alles möglich, es sei denn, du hältst dich an das geschriebene Wort.

Es besteht kein Zweifel, dass unsere nachfolgenden Generationen sich hierüber keine Gedanken mehr machen werden.

Nicht ohne Grund wird heute in den Schulen unseren Kindern und Enkeln die sozialistische Gesellschaftsordnung in den negativsten Farben geschildert oder ins Lächerliche gezogen. So will man ihnen bereits im Kindesalter den Stempel einer minderwertigen Herkunft aufdrücken. Auch das ist Ostalgie.

Wenn die heutige Jugend inzwischen das Leben in der DDR bereits mit Hitler-Deutschland auf eine Stufe stellt und ihnen eingetrichtert wird, dass die heutigen Nazis bereits in der DDR ihren Nährboden fanden, dann sollte man sich schon mal die Frage stellen, wer denn eigentlich die Geschichtsbücher schreibt.

Wendehälse haben in jeder Gesellschaft hierfür das beste Talent und lassen sich dafür auch noch bezahlen. Das sind meiner Meinung nach die wirklichen Seelenkrüppel.

Bunt statt braun!

Warum eigentlich, wenn der Staat nicht einmal das Rückgrat hat die NPD zu verbieten? In allen scheinheiligen Reden unserer regierenden Politiker kann man förmlich heraushören, dass ein Verbot der NPD überhaupt nicht zur Debatte steht. Da wird zum Beispiel 1989 in Bad Hersfeld ein Kandidat der CDU mit den Stimmen der neonazistischen NPD für das Amt des Bürgermeisters gewählt. Eine Hand wäscht die andere! Da werden der NPD geheime Unterlagen zugespielt, die eigentlich das Verbot dieser Partei begründen sollten. War das Zufall oder Nachlässigkeit? Nein, ich denke, es war Absicht, um wieder einmal das NPD-Verbot zu umgehen. Der FDP-Chef Philipp Rösler erklärte, die FDP Minister können einem Verbotsantrag nicht zustimmen. So stellt also auch die Bundesregierung keinen Antrag auf ein NPD-Verbot. Vielleicht kann diese Partei ja mal zum gegebenen Zeitpunkt von Nutzen sein. Diese Themen sind allerdings im Schulunterricht tabu.

Was sind politische Versprechen heute noch wert?

Ich denke, wenn ein verhältnismäßig kleines Land wie Deutschland sich so großzügig zum Einwanderungsland erklärt, sollte man vorsichtigerweise auch hinterhältigste Gedankengänge mit einbeziehen. Die Geschichte hat ja bewiesen, dass hier alles möglich ist.

Warum und auf welche Art und Weise das sozialistische System untergraben und letztlich auch mit Erfolg aufgelöst wurde, sollten wir mittlerweile alle begriffen haben. Doch damit allein erklärt sich ein kapitalistisches System noch nicht zum Sieger.

Jetzt geht es darum, sich am gedeckten Tisch ausgiebig zu bedienen.

Man startet hier nicht unbedacht eine Kampagne zur Einbürgerung von Ausländern.

Zum einen dienen sie, vor allem in Deutschland, als billige Arbeitssklaven, werden aber zur gleichen Zeit aufgrund der großen Zuwanderung den Völkern der westlichen EU-Staaten als neue Belastung vorgehalten. Zum Jahresende 2013 befinden sich rund 25 000 Männer für 2,00 €/Std. auf dem sogenannten „Arbeiterstrich". Man nennt sie heute „Armutszuwanderer". Die unmenschlichen Bedingungen, unter denen diese Leute dann hier leben wollen (sonst wären sie ja nicht hier) sowie die oft schwierige Integration fördert natürlich auch den Unmut der Bevölkerung gegen Ausländer. Der geplante und auch willkommene Nebeneffekt unter der deutschen Bevölkerung ist hierbei der ansteigende Zuspruch zur NPD. Wer kann da an Böses denken?

Diese Entwicklung ist allerdings auch in den anderen westlichen EU-Ländern zu spüren.

Um gegen Rechts zu protestieren, werden also nur Sündenböcke gesucht.

Man erwartet von den friedlichen und naiven Bürgern und vor allem natürlich auch von den Linken, sich gegen diese Aufmärsche zu stellen, um sie dann als gewalttätige Randalierer zu diffamieren und zu bestrafen. Wer sind aber diese Randalierer wirklich? Wenn man den Linken diese Randale und Verbrechen eindeutig zuordnen könnte, wäre diese Partei bereits längst verboten.

Haben wir uns nach den Verbrechern, die nach der Wiedervereinigung in den Osten einmarschiert sind, so gesehnt?

Der Osten und nicht nur der Osten Deutschlands wurde ein Eldorado, ein Selbstbedienungsladen für Hochstapler und Dilettanten, für Finanzdealer, korrupte Geschäftsleute, Drogendealer und Menschenhändler. Aber auch für Neonazis und Mitglieder des in den USA bereits seit vielen Jahren aktiven KKK (Ku-Klux-Klan). (siehe Bericht im Fernsehen vom 22. 01. 2013)

Der Satan selbst nimmt immer wieder die Gestalt eines Engels des Lichts an. Seine schlauste Irreführung besteht darin, die Menschen dafür blind zu machen, dass er und seine Dämonen wirklich existieren.

Wer also die Bibel kennt, sollte mal aufwachen.
Ich kenne sie übrigens nicht und auch nicht das „Kapital" von Karl Marx.
Unbestechlich ist aber die Schule des Lebens!
Wenn ich jetzt noch anfangen würde, das Gute und das Schlechte der damals existierenden deutschen Staaten oder auch der gegensätzlichen Staatenbündnisse zu vergleichen, dann reicht der Stoff für ein neues Buch.
Oder habe ich bereits verglichen?

Frag doch einfach mal, warum!

67 Jahre authentische Spurensuche sollten dann auch die Spurensuche in Richtung Westen einschließen.

Ein Versuch lohnt sich hier allemal.

Dass ein kapitalistisches System ein kriminelles System ist, kann niemand widerlegen, denn es ist die Grundlage seiner Existenz. Die Beweise sind hier eindeutig.

Für die Reichen dieser Erde ist die Wirtschaftskrise bereits beendet, indes die Mehrheit der Bevölkerung weiterhin darunter leiden muss.

Laut Weltwohlstandsbericht ist allein die Zahl der Dollar-Millionäre im Jahr 2009 um 17,1 % auf zehn Millionen Menschen gewachsen.

Auch die deutsche Wirtschaft hat sich, getragen von einem starken Export seit der Wiedervereinigung, bereits 2009 aus der Krise befreit.

Wie wird aber das Volk an diesem Wohlstand beteiligt?

Kein Geld, keine Bildung, keine Arbeit, das ist die bittere Lebensperspektive für die armen Kinder in Deutschland. 1,8 Millionen Jungen und Mädchen unter 15 Jahren leben in Hartz-IV Haushalten. Viele von ihnen werden später nicht auf eigenen Füßen stehen können.

Ein Studium ist meist die teuerste Phase im Leben eines jungen Erwachsenen.

Können die Eltern das nicht finanzieren, gilt der Spruch „Einmal arm, immer arm?"

Alarmierende Fakten:

- Armut ist vererbbar.
- Je länger eine Familie in Arbeitslosigkeit lebt, desto größer werden die Probleme.

- Viele Kinder aus sozial schwachen Familien verlassen die Schule ohne Abschluss.
- So werden arme Kinder arme Erwachsene.
- Lehrer geben Kindern, die aus ärmeren Familien kommen, eher schlechtere Noten.
- Bei gleicher Schulleistung hat ein Akademikerkind dreimal größere Chancen auf den Wechsel zum Gymnasium.
- Nur jeder dritte Jugendliche, der einmal Hilfe bezogen hat, kommt später einmal ohne Zuschüsse vom Staat aus.
- 6,6 Millionen Menschen leben in sogenannten Hartz IV-Bedarfsgemeinschaften.
- Darunter mehr als 1,3 Millionen, die zwar Arbeit haben, aber so wenig verdienen, dass sie noch Zuschüsse brauchen.
- Bis zu 25 000 Männer in Deutschland befinden sich derzeit auf dem sogenannten „Arbeiterstrich" für 2,00 €/Std.

Dieses System ist die Ursache dafür, dass noch heute weltweit mehr als eine Milliarde Menschen Hunger leiden müssen.

Knapp vier Millionen Deutsche sind laut Bundesregierung derzeit überschuldet.

Doch die Lebenshaltungskosten steigen jedes Jahr weiter.

Rentenerhöhungen (wenn es sie gibt) werden bereits im Vorfeld von der Inflation aufgefressen. Das bedeutet für viele Rentner, dass sie ihren Lebensstandard nicht mehr halten können und gezwungen sind, durch Nebenjobs ihr Einkommen aufzubessern.

Leider können hier auch gut gemeinte Sach- und Geldspenden diese Situation nicht nachhaltig lösen.

Warum zum Beispiel gibt es Tafeln?

Antwort: Weil es keinen Sinn macht, große Mengen von Lebensmitteln täglich in den Müll zu werfen, während es Menschen gibt, die sich und ihre Kinder nicht ordentlich ernähren können.

So werden jedes Jahr allein in Deutschland genießbare Nahrungsmittel im Wert von 15 Milliarden Euro weggeworfen. Oft nur, weil sie der EU-Norm nicht entsprechen.

In der Preiskalkulation sind diese Verluste natürlich längst einbezogen.
Ist das aber der wirkliche Grund für die Einrichtung von Tafeln? Natürlich nicht!
Der wirkliche Grund ist die Armut – es ist die Schere zwischen Arm und Reich!
Man kann uns nicht in die Steinzeit zurückbomben, aber man versucht uns das Leben in Sklaverei und Leibeigenschaft als erstrebenswert anzubieten.
Nach dem Motto: Wir werden euch nicht in Lager sperren, wir drängen euch an den Rand eurer Existenz. Immerhin lebt ihr dann noch besser als die Menschen in der Dritten Welt.
Der „Reichtum unterhalb der Armutsgrenze" lässt grüßen.
Aber hierzu die wohl wichtigere Frage: Warum gibt es Armut?
Die Antwort hat hier sicher viele Gesichter.
Diese sehen aus wie der Sklavenhalter, der Kolonialist, der Imperialist und der Kapitalist.
Wir haben 1989 etwas „gewonnen", was unsere Generation noch nicht kannte, aber wir haben das wieder verloren, wofür wir und alle anderen unterdrückten Völker seit Generationen eigentlich gekämpft haben. Ein menschenwürdiges Leben!
Den Weg zurück in die Armut haben wir uns nun selbst geebnet und dabei nicht an die nachfolgenden Generationen gedacht. So werden also unsere Kinder und Enkel diesen Gesichtern wiederbegegnen.

Der Schutz unserer Umwelt!

Eines der wichtigsten Themen der heutigen Zeit, nämlich der Umweltschutz, sollte an dieser Stelle nicht vergessen werden. Wer ist der eigentliche Verursacher der Zerstörung unserer Umwelt? Wer der Verlierer? Einen Gewinner, das steht fest, wird es jedenfalls niemals geben. Allerdings sollte man hier sehr differenziert argumentieren. Viele engagierte Umweltschutzorganisationen versuchen seit Jahren in organisierten Aktionen das einzig schützenswerte zu erhalten, das uns Menschen gegeben wurde: die Natur.

Warum ist es dennoch in einer Welt, in der ja die Notwendigkeit zum Schutz der Umwelt bereits erkannt wurde, so schwierig, überhaupt Erfolge zu erzielen?

Zum Zeitpunkt zweier sich gegenüberstehender Gesellschaftsordnungen wurde entsprechend den technischen Voraussetzungen alles Denkbare getan, unsere Umwelt zu schützen, das besonders, um gegenseitige Schuldzuweisungen zu vermeiden.

Allerdings, so muss ich zugeben, war die sozialistische Planwirtschaft in dieser Hinsicht keine gute Idee.

Heute wird zweifellos viel über den Umweltschutz geredet und es werden auch Maßnahmen beschlossen. Maßnahmen, an die sich aber kaum einer hält. Maßnahmen, deren Missachtung nur sehr zögerlich geahndet wird. Warum das so ist, können wir fast täglich in den Medien sehen, lesen und hören. Im Ergebnis dazu und im Vergleich mit dem täglich Erlebten kann das nur wie nachfolgend kommentiert werden.

In einer ausschließlich kapitalistischen Gesellschaftsordnung, wie wir sie heute erleben müssen, kann und will man sich den

Umweltschutz nicht leisten. Es zählen nur das Wirtschaftswachstum und der Profit, den man hieraus erzielen kann. Konkurrenzdenken ist angesagt und Konkurrenten werden hier schnell mal mit krimineller Energie ausgeschaltet. Denken wir nur an die riesigen Mastanlagen, in denen die Tiere alles andere als artgerecht eingepfercht sind und qualvoll ihr Dasein fristen. Das ist kriminell! An illegale Müllentsorgungen, für deren Duldung sich einige verantwortliche Politiker gern mal ihr Taschengeld, und anschließend die Löcher in den Kiesgruben auffüllen lassen. Auch hier geht der Profit vor Umweltschutz. Das ist kriminell! An die Werbung, mit der wir als Kunden überschüttet und oft mit falschen Informationen zum Kauf immer neuer Produkte animiert werden.

Zum Beispiel gibt es eine große Anzahl von Produkten, von Erfindungen, von Dienstleistungen, die der Mensch nicht braucht und das auch noch in einer Überzahl von verschiedenen Ausführungen.

Nennen möchte ich hier nur mal einige dieser „Unentbehrlichen".

Waschmittel gehören ohne Zweifel zu Produkten, die jeder benötigt.

Aber für welches dieser Produkte ich mich auch entscheide, jedes wäscht so weiß, weiß er geht's nicht.

Damit aber der Kunde auch stets das neue und auch teurere Produkt kauft, wäscht jedes Produkt anders, nämlich porentief weiß, super weiß, aktiv weiß und so weiter.

Mit der gleichen Masche werden pharmazeutische Produkte beworben.

Ähnlich ist es dann auch mit Produkten des täglichen Bedarfs, mit Farben für die Renovierung einer Wohnung, mit Haushaltsgeräten, Autos, elektronischen Geräten und sogar mit Häusern.

Gegen eine echte Neuheit oder eine Verbesserung der Produkte, die möglicherweise noch der Umwelt Gutes tut, hat sicher niemand etwas einzuwenden. Leider ist das aber nur selten der Fall und dann meistens für den Normalverdiener nicht erschwinglich.

Es wird also produziert bis zum Überangebot und bei Produkten mit Verfallsdatum sogar für die Müllhalde.

Die Unternehmen werden dabei nicht ärmer, denn der Verlust ist einkalkuliert und wird vom Endverbraucher bezahlt.

Das betrifft alle Bereiche des Lebens.

Technischen Produkten sollte eine möglichst lange Haltbarkeit garantiert werden.

Hier wird der Verbraucher hinterhältig getäuscht, denn die meisten Produkte überleben kaum ihre Garantiezeit. Es werden sogenannte Sollbruchstellen eingebaut, für deren Reparatur der Verbraucher fast den Neupreis zahlen muss.

Zu allem Übel wird uns dann noch eingeredet, es wird produziert, um Arbeitsplätze zu erhalten oder neue zu schaffen. Computergesteuerte Technik schafft aber kaum Arbeitsplätze.

Ganz im Gegenteil.

Umweltschutz bedeutet aber auch sparsamen Umgang mit Energie und unseren natürlichen Ressourcen. Dem widerspricht hier mit Sicherheit die ungenormte Produktion gleichartiger Produkte in allen technischen Bereichen, die dann aufgrund fehlender Ersatzteile nicht oder nur mit einem hohen finanziellen Aufwand repariert werden können.

In den Ländern der ehemaligen Warschauer Vertragsstaaten gab es hierfür die TGL (Abkürzung für: technische Normen, Gütevorschriften und Lieferbedingungen).

Meine Hand für mein Produkt. Das war in den volkseigenen Betrieben der DDR und auch in den anderen sozialistischen Ländern ein Ziel, an das sich jeder ehrliche Arbeiter orientiert und, soweit es in seinem Ermessen lag, auch gehandelt hat. Dass viele dieser Produkte im westlichen Ausland und auch in der BRD beliebt waren und ihren Absatz fanden, wurde uns von beiden Seiten weitgehend verschwiegen. Denken wir nur an die Waschmaschinen von ROBOTRON, die über einen Versandhandel vertrieben wurden. Der Liefervertrag wurde aber kurzerhand vom besagten Versandhandel aufgekündigt, weil diese Geräte eine zu lange Lebensdauer hatten.

Viele solcher Geräte funktionieren heute noch. Auch das ist Ostalgie!

Ein anderes Beispiel ist der Transport von Erzeugnissen zur Weiterverarbeitung oder zum Groß- u. Einzelhandel. In den sozialistischen Ländern wurden hierfür hauptsächlich die Schienenwege genutzt. Das heißt, jeder größere Betrieb hatte einen eigenen Gleisanschluss und eine Lagerhalle mit Verladerampe. Der Straßenverkehr wurde dadurch erheblich entlastet und der CO^2 Ausstoß vermindert.

Es könnten an dieser Stelle noch viele Beispiele genannt werden, die gegenüber den heutigen Verhältnissen als sinnvolle und gute Ideen bereits umgesetzt waren und sich mit neuen technischen Möglichkeiten noch weiter verbessern ließen.

Dafür braucht man aber staatliche Betriebe, staatliche Leitung und staatliche Kontrolle.

Doch in der heute vorherrschenden kapitalistischen Gesellschaftsordnung bleiben solche Ziele eine Utopie.

Sehen wir uns die Proteste gegen die Atommülltransporte an. Es wird protestiert, angekettet, einbetoniert und zerstört. In einer Demokratie ist ja alles möglich. Nur der Transport rollt trotzdem. Die Entsorgung ist beschlossene Sache und damit legalisiert. Wem nützt also dieser Aufmarsch?

Es ist ein einziges Pressespektakel, das lediglich für ein paar Schlagzeilen sorgt und der Schein einer Demokratie ist wieder einmal gewahrt. Bis zum nächsten Mal!

Den Einsatz der Polizei und Sicherheitskräfte bezahlt am Ende der Steuerzahler.

Und das schon seit vielen Jahren.

Die Idee, den Atommüll künftig weiter in Richtung Osten zu entsorgen, wurde bereits geboren und die Suche nach einer neuen Endlagerstätte ist in vollem Gange.

Je weiter ostwärts, umso geringer sind die Gefahren im Westen. Hier will man schließlich daran verdienen und nicht verenden.

Geiz und Gier, schneller, weiter, höher sind nicht die Grundlagen für eine saubere und grüne Welt.

Die Völker der Erde werden ihr Schicksal selbst in die Hand nehmen müssen, wenn sie nicht eines Tages in der Sklaverei und einer vermüllten Welt enden wollen.

Der Ansatz hierfür ist ja bereits erkennbar und die Länder Osteuropas haben sich nach dem Vorbild der Ostdeutschen leider bereits selber aufgegeben.

Auch in diesem Falle werden wir unseren Kindern, Enkeln und allen weiteren Generationen diese Art Freiheit vererben.

Glaubt ihr denn wirklich, dass es euch – bis auf wenige Ausnahmen – einmal besser gehen wird als vor 1989? Wie verblendet muss man denn noch sein?

Die „freiheitliche Demokratie"!

Betrachten wir uns vorerst im kleinen Umfeld die derzeitige Situation in Deutschland und hier die Zeit nach der „Wiedervereinigung". Ist die Wiedervereinigung vollzogen? Nein, sie ist es nicht! Wird es auch in den nächsten fünfzig Jahren nicht sein.
Warum?
Diese Frage kann, so glaube ich, jeder aus seiner Sicht, seiner Erfahrung und seinen Plänen für die Zukunft beantworten. Wenn wir ehrlich sind, kann diese Antwort nur einhellig sein.

Der Kapitalismus lässt eine Angleichung der Lebensverhältnisse nicht zu und der Unterschied zwischen Ost und West, zwischen Arm und Reich bildet die Existenzgrundlage dieses Systems. Was nützt dir heute die erworbene „freiheitliche Demokratie", auch wenn du mit Transparenten, Streiks, Demonstrationen oder ähnlichen Aktionen deinen Willen zum Ausdruck bringen darfst. Du beseitigst damit nicht die Ursache deiner Unzufriedenheit.

Du bringst sie nur öffentlich zum Ausdruck. Das war's dann! Wenn du Pech hast, wirst du danach noch gemobbt oder entlassen. Arbeitslose stehen als Ersatz ja genügend bereit.

Auch das ist Methode!

Das kapitalistische System hat sich stark gemacht und durch Niederlassungen in anderen Ländern abgesichert wie zu keiner Zeit seines Bestehens. Jedes Volk ist auf diese Weise abhängig und erpressbar geworden. Die versteckte Drohung nach jeder geforderten Lohnerhöhung ist nicht zu überhören.

Wenn ihr mehr Lohn fordert, müssen wir den Betrieb schließen, die Produktion in andere Länder (Billiglohnländer) verlegen oder Stellen abbauen.

Was nützt dir also deine „erworbene Freiheit"?

Eine Freiheit gibt es demnach nicht wirklich und Demokratie nützt immer dem, der die Macht hat.
Und hier besteht eine wirkliche Chance für alle Völker.
Lasst euch keine Demokratie aufdrängen, die nicht vom Volke ausgeht.
Macht euch nicht abhängig! Versorgt euch selbst und treibt fairen Handel mit anderen friedlichen Völkern! Vor allem aber lasst euch nicht gegeneinander ausspielen.
Sehen wir uns doch mal um in den meisten Ländern Afrikas, Asiens und sogar in einigen Ländern Südamerikas. Dank einiger Berichterstatter und Kamerateams werden von einigen Fernsehsendern und auch im Internet ungeschönte Berichte und Interviews übertragen, in denen ich meine Erlebnisse, die ich hier niederschreibe fast täglich bestätigt bekomme.
Die Erde war ursprünglich mal ein Paradies. Durch Hass und Gier wurde sie zu dem, was sie heute ist. Ein Eldorado, ein Selbstbedienungsladen des kapitalistischen Systems.
Die Politiker dieser Systeme werden daran nichts ändern, denn sie sind ein Teil davon.
Nur die ausgebeuteten Völker selbst können ihr Schicksal ändern. Das aber nur, wenn sie das kapitalistische System in die Schranken weisen.
Bis dahin wird es allerdings so weitergehen, wie wir es heute erleben müssen.
Friedliebende Völker oder notfalls auch die Bevölkerung eines Landes wird gegeneinander aufgehetzt damit die Weltgendarmen sich dann als Befreier und Verteidiger einer freiheitlichen Demokratie deren Bodenschätze unter den Nagel reißen und sich hier natürlich auch einen Absatzmarkt sichern zu können.
Außerdem lebt dieses System auch von der Verwertung seiner militärischen Ausrüstung.
Denn auch die Rüstungsindustrie schafft Arbeitsplätze. Vor allem aber Gewinne!
Das bedeutet Krieg, wo immer man ihn provozieren kann.
„Der Krieg bekommt mir wie eine Badekur!" Das haben wir doch schon mal irgendwo gehört, oder?

Dazu noch ein Wort zur Sicherheit in unserem Land, zu Konflikten in der Welt und die Chance für Deutschland, hier mitzumischen.

Irak, Bosnien, Mazedonien, Afghanistan, Ägypten, Jordanien, Syrien, Somalia usw. sind alles Länder, in denen unbedingt die westliche Demokratie zu verteidigen ist. Handelt es sich hier um „unterentwickelte" Menschen, die sich „aus Langeweile" gegenseitig umbringen?

So oder ähnlich könnte man aber die täglichen Informationen interpretieren. In solchen Fällen muss natürlich die westliche freie Welt eingreifen und Deutschland hat als Mitglied der NATO seine Pflichten zu erfüllen und dürfte sich nicht aus der Anti-Terror-Allianz herauslösen. Obwohl es sehr bedauerlich wäre, wenn dabei einem deutschen Soldaten etwas passieren würde.

Wir müssen aber bereit sein, auch Risiken und Gefahren des Kampfes gegen den Terror in Kauf zu nehmen.

Das sind Worte, die zum gegebenen Anlass im deutschen Bundestag zu hören sind und deren man nicht müde wird, sie immer und von jeder bisherigen Regierung zu wiederholen.

Wie wäre es, die Bekämpfung der Ursachen von Terror und Gewalt den Völkern selbst zu überlassen? Oder geht man davon aus, dass das Deutsche Grundgesetz gefälligst auch in anderen Ländern zu gelten hat?

Will man das Deutsche Volk an einen Zustand gewöhnen, in dem wir den Weg von der Humanität über die Nationalität bis zur Brutalität als Normalität empfinden?

Muss nur mal ein neuer Feind her, damit die Rüstung wieder angekurbelt wird?

Geht man davon aus, dass die Masse dem Appell an Hass und nationale Ehre, an kurzschlüssige Tat und Begeisterung leichter folgt als dem Ruf nach Einsicht und Vernunft, dass sie durch Gewöhnung und Dressur zu allem zu bewegen ist, selbst zum Krieg?

Dann könnte folgende Theorie zutreffen:

Man erzähle dem Volk, dass es die besten Straßen, die schnellsten Flugzeuge, die fähigsten Ingenieure, die besten Waffen usw. besitze, spreche von der Verpflichtung den Vorfahren gegenüber, weise auf die geschichtliche Mission des Volkes hin, propagiere das Recht des Stärkeren, deute auf die Unfähigkeit und Böswilligkeit der minderbefähigten Schurkenstaaten hin, konstruiere Zwischenfälle, die sich mit der Größe und Würde des Volkes nicht vereinbaren lassen, entfremde das Volk von dem erklärten Gegner durch Appelle an das nationale Ehrgefühl, das die Schmach und Schande nicht ertragen würde, falls es dem Gegner einfallen sollte ..., man weise auf die Pflicht zur Verteidigung der Menschenrechte hin, scheue nicht davor zurück, den Politikern der anderen Völker die Wahrheit zu sagen mit einem Unterton von Selbstgerechtigkeit und Hohngelüsten und die Masse wird sagen: „Denen haben wir es wieder gegeben."

Man appelliere im Fernsehen, in Rundfunk und Presse, in Schule und Kaserne mit der ganzen politischen Maschinerie an das Nationalgefühl, an die heilige Vaterlandsliebe, die zu allem entschlossen.

Und wenn dann nach ewigem Trommelfeuer auf die Vernunft und Friedensliebe des Volkes der Massenwahn sich wie eine Krankheit genügend verbreitet hat, dann schaffe man den berühmten kriegsauslösenden Zwischenfall, der die nationale Ehre aufs Tiefste beleidigt ... Und endlich, endlich haben wir den Krieg.

Eine Theorie, die leider bisher funktionierte und jeder kriegerischen Handlung, die den Interessen eines kapitalistischen Systems dient, vorausgeht.

Besonders ins Visier genommen werden die Länder, in denen Rohstoffvorräte lagern, Absatzmärkte zu sichern und billige Arbeitskräfte zu akquirieren sind.

Mit Hilfsgütern, Handelsverträgen und Waffenlieferungen werden die Regierungen der anvisierten Länder an die Vorteile guter Beziehungen mit der sogenannten freien Welt herangeführt.

Danach wird das Volk gegen seine eigene, angeblich diktatorische Regierung aufgehetzt.

So entwickelt sich in einem „unzufriedenen und unterdrückten" Volk der lang geplante Volksaufstand (man nennt es heute: Kampf der Oppositionellen), der natürlich im Interesse der Verteidigung

der „freiheitlich demokratischen Grundordnung" notfalls auch mit militärischen Mitteln von den USA und seinen Verbündeten zu unterstützen ist.
Die dann eingesetzte Regierung ist nun ihrem Befreier von einer „unmenschlichen Diktatur", zu großem Dank verpflichtet.
Das Ziel ist erreicht!
Irak ist hier nur ein Beispiel!
Mein Schreiben an den Petitionsausschuss des Bundestages vom 17. 03. 2003!

Pet A-14-99-1030-041649
Sehr geehrte Damen und Herren Abgeordnete!
Mit Spannung und auch großen Erwartungen habe ich heute die Generaldebatte des Deutschen Bundestages in den Medien verfolgt.
Eine emotional geladene und durch die Ereignisse im Irak sehr deutlich positionierte Stellungnahme aller Parteien war nicht zu überhören.
Was mich betrifft, so ist auch meine Position zu allen hier angesprochenen Themen ganz klar und eindeutig. Das Volk, sehr geehrte Frau Merkel, ist nicht so dumm und begriffsstutzig, wie Sie sich das vielleicht wünschen.
Das Volk spürt sehr genau die Worte zwischen den Zeilen der Redemanuskripte.
Deshalb gilt mein Schreiben heute ausdrücklich den Mitgliedern der Opposition im Bundestag.
Es kommt nicht darauf an, auch wenn es eine mehrstündige Sitzung auflockert, die lustigsten Pointen und die meisten Klatscher zu haben.
Der Karneval ist vorbei und es ist Krieg!
Krieg, Frau Merkel, begonnen genau in den Minuten, in denen Sie Ihre Position zum Irak-Konflikt bekräftigt haben.
Einmarsch der US Truppen, Entwaffnung des Iraks und Beseitigung des Diktators.
Sie werden nicht müde darauf hinzuweisen, welcher Verbrechen Saddam Hussein sich schuldig gemacht hat, welche fürchterlichen Waffen er besitzt, welche Gefahr er für den Weltfrieden ist, welchen Druck er auf sein Volk ausübt usw.
Sagen Sie uns aber auch mal, wie es dazu kommen konnte?
Wer hat ihn in diese Position gehoben?

Saddam hat Kuwait überfallen. Der Größenwahn lässt grüßen. Wer aber besetzt das Land der Palästinenser? Ist das legal oder nicht auch Größenwahn?
Ich kann die starre Haltung der USA und aller Befürworter des Irak-Krieges nur so kommentieren und fühle mich durch die Rede des stellvertretenden Außenministers Syriens und Vertreter anderer Staaten heute im UN-Sicherheitsrat bestätigt.
Es geht Ihnen nicht um die Menschen im Irak und anderswo in der Welt.
Es geht um die Sicherung eigener wirtschaftlicher Interessen in dieser Region.
Was übrigens auch genau so von Ihnen, Frau Merkel, in einer Bundestagsrede ausgesprochen wurde.
Ich zitiere: Man muss den USA bei allen Bemühungen um die Einhaltung der Menschenrechte im Irak auch die Sicherung eigener wirtschaftlicher Interessen zubilligen. (Zitat Ende!)
Bleibt abzuwarten, wer noch davon profitieren wird.
Für die Durchsetzung dieser Interessen wurde der Irak einst von den USA aufgerüstet.
Aber der Schuss ging dann wohl doch nach hinten los.
Jetzt sind die USA offensichtlich bemüht, ihre eigenen, dem Irak gelieferten Waffen wieder einzusammeln.
Und wenn dieses Problem gelöst ist, wer ist dann der nächste? Iran? Nordkorea?
Ich bin mir sicher, die nächsten Ziele sind bereits anvisiert.
Geschäft ist Geschäft und alles muss sich rechnen – wie schon gesagt, auch die Rüstungsindustrie schafft Arbeitsplätze.
Übrigens, was die Entwaffnung von Diktatoren betrifft, sollten Sie ruhig mal nachträglich einen Blick in die Geschichtsbücher werfen, die Sie als FDJ-Sekretärin wahrscheinlich verschmäht haben.
Es war die USA, die den Diktator in Chile militärisch (mit Waffen) und moralisch (mit militärischen Beratern) unterstützt hat. Wie viele Tote gab es dort wohl?
Es war die USA, die den verbrecherischen faschistischen Diktatoren Dime und Thieu in Vietnam Schützenhilfe leistete. Wie viel Tote gab es dort? Nicaragua und weitere Beispiele könnte man noch nennen.

Es macht mich betroffen, wenn ich Sie, Frau Merkel, als ehemalige Pastorentochter, mit wie zum Gebet gefalteten Händen am Rednerpult sehe, und mit welcher Beharrlichkeit Sie die gewaltsame Beseitigung eines Systems verteidigen, gleichzeitig dem Volk aber einreden wollen, es geschähe nur in friedlicher Absicht. Man sollte Diktatoren, ohne ihnen vorher den Rücken zu stärken, einfach ihren Völkern überlassen.
Wer in dieser Welt sagt mir nun, was Recht ist und was Unrecht?
Wer kann, ohne sein Gewissen zu belasten, einen anderen des Verbrechens beschuldigen?
Und wenn! Haben wir alles getan, damit andere nicht zu Verbrechern werden?
Kein Mensch ist als Diktator und keiner als Richter geboren.
Trotz aller Friedensbestrebungen der Staatsmänner sagt die Bibel noch weit schlimmere Kriege für die Erde voraus.
Gründe dafür können wir uns gut vorstellen, wenn wir an die wachsende Erdbevölkerung, an die zunehmende Knappheit wichtiger Ressourcen oder an die Verschmutzung der Erde, der Luft und der Meere denken.
Längst ist deutlich: Menschen können zwar Kriege anzetteln, aber keinen dauerhaften Frieden schaffen. Auch nicht, wenn die USA und die NATO-Staaten ihre Soldaten als sogenannte Friedenstruppen bemüht sind, ihre eigens angezettelten Konfliktherde mit Bomben und Raketen dem Erdboden gleichzumachen.
Da liegt der ersehnte Frieden in weiter Ferne.
Hierzu auch meine Lesermeinung in der Volksstimme vom 23. 03. 2003!
Krieg, eine Verpflichtung Amerikas?
Da stellt sich ein Politiker wie G. Bush vor die Mikrofone und meint, der Menschheit erzählen zu können, wie leid es ihm tut, aber Krieg im Irak muss sein.
Amerika fühlt sich verpflichtet, Freiheit und Menschenrechte in der Welt zu verteidigen.
Ich bin der Meinung „wo der Verstand aufhört, fängt die Faust an".
Bleibt nur zu hoffen, dass die sogenannten intelligenten Bomben über mehr Intelligenz verfügen als sie der amerikanische Präsident und alle Befürworter dieses verbrecherischen Krieges vorweisen können.
Doch die Bilder in den Medien zeigen ein Land, das dem Erdboden gleichgemacht wird.

Niemand kann glauben, dass die Zivilbevölkerung nicht darunter zu leiden hat. Niemand kann glauben, dass unter den Trümmern keine Frauen und Kinder begraben sind.

Niemand kann glauben, dass in diesem furchtbaren Krieg nicht Blut und Tränen unschuldiger Menschen fließen. Die Kämpfe dauern an, werden immer heftiger, der Widerstand der Iraker ist weiterhin ungebrochen. Kann das eine Eliteeinheit von ein paar tausend Soldaten allein?

Hier steht ein ganzes Volk für sein Land. Es wird immer offensichtlicher, dass sich kaum ein Iraker diese Art von Befreiung wünscht.

Aber Herr Bush, der Herrscher über Recht und Freiheit, lacht in die Kamera, winkt seinem Volk siegessicher zu und redet davon, sein Land gegen einen gefährlichen Gegner zu verteidigen, redet von Gott, christlicher Tugend und Moral.

Wie viel Kaltschnäuzigkeit gehört zu diesem Spiel!

Ich wünschte, dass sich der amerikanische Präsident G. Bush und seine „Pokerfreunde" für ihre Verbrechen vor dem Internationalen Gerichtshof zu verantworten haben.

Was die Freundschaft mit den USA betrifft, so sollte man dieser nicht unbedingt hinterherhecheln. Geschäftsbeziehungen werden sich dadurch zum gegenseitigen Vorteil ohnehin nicht behindern.

Freundschaften sehen aber anders aus.

Im Übrigen hat die USA zu keinem Zeitpunkt ihres Bestehens und niemandem in der Welt uneigennützige Freundschaftsdienste erwiesen. Wer sich in der Geschichte ein wenig auskennt, weiß das sehr gut.

Erinnern wir uns an meine ersten Seiten im Vorwort!

Die Ziele, die Hitler bis 1941 durch den Rückzug Englands und Frankreichs aus der östlichen Hälfte Europas erreicht hatte, hat er mit dem Überfall Deutschlands auf die Sowjetunion wieder verspielt. Doch für Deutschland scheinen mit der Gründung der EU und mit der Unterstützung der USA diese Pläne wieder in greifbare Nähe gerückt zu sein. Wie das funktionieren könnte und leider auch bisher funktioniert hat, kennen wir aus dem Kapitel: Der sogenannte „Kalte Krieg"! In dieser Hinsicht haben die heute verantwortlichen Politiker der westlichen Welt gründlich in den Archiven geblättert.

Man erkennt daran sehr deutlich, dass die USA und ihre Verbündeten alles daran setzen, ihre Pläne zu verwirklichen. Ziel ist, wie bereits erwähnt, die Eroberung von Lebensraum, Sicherung der Rohstoffreserven und der Absatzmärkte incl. der Rekrutierung billiger Arbeitskräfte.

Wir kennen das alles bereits aus unserer Vergangenheit! Hält man die Menschen heute tatsächlich wieder für denkunfähige Geschöpfe?

Nur ein Nutznießer dieser Gesellschaftsordnung kann sich diese Entwicklung schönreden.

Im Grunde genommen konnte ich nur wiedergeben, was längst jeder weiß oder bald zu spüren bekommt.

Wir befinden uns heute auf dem Weg zurück zum (N)ich(ts)!

Wenn wir uns die Entwicklung der im Zweiten Weltkrieg zerstörten Länder betrachten und mit ehrlichem Gewissen beurteilen, muss man doch zugeben, dass es allen betroffenen Nationen auch unter schwierigsten Bedingungen gelungen ist, ihre zerstörte Heimat aus den Trümmern des Krieges wider aufzubauen. Jeder Betroffene, der diese Leistungen vollbracht hat, möchte sich heute nicht vorstellen, diesen Weg zurückzugehen.

Auch sollten wir unseren Kindern und Enkeln diesen Weg nicht zumuten.

Wie es aber in Wirklichkeit aussieht und wie es dennoch zu dieser Entwicklung kam, habe ich in den vorangegangenen Artikeln bereits beschrieben.

Kriege werden angezettelt oder unter fadenscheinigem Vorwand geführt.

Länder, deren Entwicklung dem kapitalistischen System entgegensteht, werden als sogenannte „Demokratiefeindliche Systeme" ausspioniert, diffamiert und provoziert.

Bis heute gibt es aber kein einziges Volk, dem es dann mit der übergestülpten freiheitlichen Demokratie besser geht.

Darüber sollte zum heutigen Zeitpunkt auch das ukrainische Volk nachdenken.

Asylsuchende

Die Nachrichten in allen Medien überschlagen sich seit Tagen mit den Berichten über die steigende Zahl der Flüchtlinge, die aus Syrien, dem Irak und anderen Krisengebieten über die offenen Grenzen der EU nach Deutschland kommen. 2014 kamen etwa 200 000 Asylbewerber nach Deutschland. 2016 werden es nach den letzten Schätzungen bereits über 3 000 000 sein. Doch wo und wann ist ein Ende abzusehen? Weder Deutschland noch die EU werden diese Belastung aushalten. Selbst wenn ein Großteil der Antragsteller, die aus den als sicher geltenden Ländern kommen, kein Asyl bekommen, wird Deutschland mit dieser Situation überfordert sein. Sieht man die Bilder von den langen Reihen der Flüchtlingsströme und betrachtet dabei die hier zurückgelegte Strecke, sollte man auch mal hinterfragen, wie diese Menschen das auch noch mit Kleinkindern und ohne organisierte Unterstützung schaffen können?

Hier die Augen zu verschließen und Deutschland unbegrenzt und aus Mitleid den Flüchtlingen gegenüber als Einwanderungsland anzupreisen, ist unverantwortlich. An dieser Stelle sollten wir mal an die damalige Situation der Menschen in Vietnam denken. Wer hat ihnen in ihrer Not, die sie durch amerikanische Bomben erleiden mussten, Asyl gewährt?

Sie haben ihr Land selbst verteidigt und sie wussten auch warum und gegen wen sie es verteidigen mussten.

Viele Kommunen sind schon heute nicht in der Lage, die steigenden Kosten für Unterbringung, Verpflegung und gesundheitliche Versorgung zu tragen. Selbst der Bund sieht sich hier überlastet und reduziert bereits die Kosten für soziale und kulturelle Einrichtungen unserer Bürger. Auch die Kosten für den Lebensunterhalt, für Strom usw. Und die Beiträge der Krankenkassen werden steigen. Wann werden das die Befürworter endlich einmal begreifen? Eine Lösung hierfür haben diese Leute jedenfalls nicht zur Hand, und hier nur die Vorteile für die Wirtschaft zu sehen, sollte sehr kritisch betrachtet werden. Für die Folgen dieser „Willkommenskultur" will dann sicher keiner dieser Leute verantwortlich sein.

Unsere oder auch alle Politiker der EU sollten aber bei allem vorgespielten Mitleid für die Flüchtenden aus den Kriegsgebieten und den Hungernden aus den armen Ländern daran denken, dass diese Situation bereits durch die einstige Kolonialisierung dieser Länder geschaffen wurde. Hilfspakete sind hier ganz sicher nicht die Lösung. Wirkliche Hilfe kann also nur durch eine wirksame Unterstützung bei der Industrialisierung und Nutzung der in diesen Ländern vorhandenen eigenen natürlichen Ressourcen ehrlich sein. Auch auf die Methoden der sogenannten „Kalten Kriegführung", die ja bekanntlich allen dem kapitalistischen System abgewandten Staaten aufgezwungen werden, sollten die „Willkommenskulturisten" verzichten, denn wie wir ja leider immer wieder erleben, sind hier die gewollten und oft auch die bewaffneten Auseinandersetzungen das Ergebnis.

Häufig nimmt man sich hier das Einwanderungsland Amerika als Vorbild und Rechtfertigung für eine Willkommenskultur. Hier wird aber nicht erwähnt, dass dieses Amerika den Ureinwohnern einfach weggenommen wurde, dass sie vertrieben, vernichtet oder in Reservate gesperrt wurden.

Dass dann die „Neuankömmlinge" auch Millionen von Sklaven aus Afrika in diesen neu entdeckten Kontinent verschleppten und das letztlich auch nur wieder in einem Bürgerkrieg unter den Einwanderern entschieden wurde, wer hier das Sagen hat.

Haben die Islamisten jetzt Europa entdeckt?

Und was, wenn die armen Völker Afrikas, die arabischen Länder, vor allem aber der „Islamische Staat" von der USA und von Europa gelernt haben? Wenn ihre Leute bei uns in der EU aufgenommen werden, hier ihre Kultur leben, mit gezielten Terroranschlägen die EU handlungsunfähig macht, und damit den Spieß einfach umdrehen?

Wie sieht Deutschland dann in zwanzig Jahren aus? Werden wir Europäer dann in Reservaten leben? Ich werde es sicher nicht mehr erleben, aber trotz des demographischen Wandels gibt es auch noch junge Leute (die Erben unserer Nation).

Jedes Lebewesen auf unserem Planeten hat seinen Lebensraum und wird ihn im Notfall auch verteidigen. Genauso ist es auch bei uns Menschen, den Nationen und den Kontinenten. Es sei denn, in der Bibel, im Koran oder anderen heiligen Schriften steht die Wahrheit und wir Menschen halten uns daran. Doch selbst hier ist der Unterschied zwischen Arm und Reich von den Verfassern bereits abgesegnet. Das betrifft allerdings jede Glaubensrichtung.

Was im Übrigen die Glaubensrichtungen betrifft, möchte ich auch hier meine Bedenken äußern.

Seitdem die Menschheit besteht, lebt jeder Kontinent, jedes Volk ja sogar jede Sippe mit ihrem eigenen Glauben, Ritualen und ihren eigenen Göttern. Doch seit jeher versucht jeder Gläubige, jeder Sippenälteste, dem anderen seinen Glauben als den einzig wahren aufzudrängen. Leider werden auch aus diesem Grund bis zur heutigen Zeit erbarmungslose und sinnlose Kriege geführt.

Die einfachen Menschen kämpfen und bringen sich gegenseitig um, die Reichen saufen und lachen sich krumm!

Was hat da der Schöpfer der Menschheit im Kopf seines ersten Menschen nur verknetet?

Ist das Hetze, wenn ich daran denke und meine Bedenken auch äußere? Nein! Es ist meine Meinung.

Heute, 25 Jahre nach dem Mauerfall, stellt ein Wochenblatt seinen Lesern die Frage:

„Wovon haben Sie vor 25 Jahren geträumt?"

Die Antworten, die dem Leser hierauf präsentiert werden, kann man sicher schon erahnen.

Auch meine Träume seit der „Wiedervereinigung" sind in Erfüllung gegangen. Leider nur die Albträume!

Das aber dem Leser in kurzen Worten zu präsentieren? Ich denke, das bisher Erlebte können Alpträume kaum mehr überbieten.

Nachwort

Dieses Buch stellt nicht den Anspruch, die Geschichte Deutschlands und der Welt neu zu schreiben. Es schildert lediglich alle Begebenheiten, so wie ich sie aus meiner Sicht und meiner Lebenserfahrung einzuordnen habe. Gern lasse mich eines Besseren belehren, wenn die Argumente unwiderlegbar sind und noch Zeit dafür ist!

Ich widme die folgenden Zeilen den Menschen meiner Generation, deren Leben in gleicher oder ähnlicher Weise verlief – und den nachfolgenden Generationen, die über ihr Leben noch entscheiden können.

**Vom Nichts zum Wir –
und zurück!**

Im Kriege geboren, gehungert, gefroren,
im Frieden gelebt und geliebt!

Durch die „soziale Hängematte" gesiebt.
Fürs sozialverträgliche Frühableben erkoren.

Deine Asche, die es auch bald nicht mehr gibt!

P. Piskol

novum VERLAG FÜR NEUAUTOREN

Bewerten Sie dieses Buch auf unserer Homepage!

www.novumverlag.com

Der Autor

Paul Piskol, geboren 1943, lebt in Zerbst-Anhalt. Von 1957–60 war er im Kupferschiefer Bergbau als Hauer tätig, 1963–75 als Schichtleiter, 1975–80 Lagerverwalter und 1980–90 als Baumaschinist. Seit 1966 ist er verheiratet und hat drei erwachsene Kinder.

Das Werk „Vom N(ich)ts zum Wir und zurück" ist seine erste Veröffentlichung. In seiner Freizeit liest er Sachbücher, fährt gerne Rad und entspannt sich bei aktiver Gartenarbeit.

Der Verlag

> *Wer aufhört
> besser zu werden,
> hat aufgehört
> gut zu sein!*

Basierend auf diesem Motto ist es dem novum Verlag ein Anliegen neue Manuskripte aufzuspüren, zu veröffentlichen und deren Autoren langfristig zu fördern. Mittlerweile gilt der 1997 gegründete und mehrfach prämierte Verlag als Spezialist für Neuautoren in Deutschland, Österreich und der Schweiz.

Für jedes neue Manuskript wird innerhalb weniger Wochen eine kostenfreie, unverbindliche Lektorats-Prüfung erstellt.

Weitere Informationen zum Verlag und seinen Büchern finden Sie im Internet unter:

www.novumverlag.com